北京古今地名源流考

彭雪开 王殿彬 著

中国社会出版社

国家一级出版社 · 全国百佳图书出版单位

图书在版编目（CIP）数据

北京古今地名源流考／彭雪开，王殿彬著 . -- 北京：
中国社会出版社，2021.8
ISBN 978 - 7 - 5087 - 6573 - 0

Ⅰ.①北…　Ⅱ.①彭…②王…　Ⅲ.①地名 - 研究 -
北京　Ⅳ.①K921

中国版本图书馆 CIP 数据核字（2021）第 160528 号

书　　名：北京古今地名源流考
著　　者：彭雪开　王殿彬

出 版 人：浦善新
终 审 人：王　前
责任编辑：魏光洁

出版发行：中国社会出版社　　　　邮政编码：100032
通联方式：北京市西城区二龙路甲 33 号
电　　话：编辑部：（010）58124851
　　　　　邮购部：（010）58124848
　　　　　销售部：（010）58124845
　　　　　传　真：（010）58124856
网　　址：shcbs. mca. gov. cn
经　　销：各地新华书店

中国社会出版社天猫旗舰店

印刷装订：河北鑫兆源印刷有限公司
开　　本：170mm×240mm　　1/16
印　　张：10. 75
字　　数：150 千字
版　　次：2021 年 8 月第 1 版
印　　次：2021 年 8 月第 1 次印刷
定　　价：50. 00 元

中国社会出版社微信公众号

序

由彭雪开教授和王殿彬研究员合作，并由彭雪开教授主持申报民政部重点课题，立项后经近两年的努力，如期结题。《北京古今地名源流考》，就是这方面的成果。这本书将要公开出版了，他俩托我作序。我因工作关系，又是互相熟识了解的人，不好推托。

北京，是我国最负盛名的历史文化名城，至今已有三千多年历史。书写北京历史文化方面的书，可谓汗牛充栋。然而，对北京历代行政区划地名进行全面系统考释，据我所知，这还是第一次。本书由19篇文章组成，书不算厚，但分量较重，值得认真一读。在阅读中，我有几点较深感受。

首先，目录名称排序体现了体例特色。

体例，既是书写的框架，又是书写的形式。本书目录中，行政区划地名的排序，体现了本书作者的研究成果。以昌平为例，作者经过严谨的考证，认为今昌平区境，春秋时，多为燕国北部山戎、乌桓部落所居。因族居在浑都山浑都水流域，故曰浑都部落。战国中晚之交，约在公元前300年，燕将秦开驱逐东胡（山戎）即乌桓部落于辽东，于此设置上谷郡，置县三十六个。浑都（县）为其一，以浑都山为名，或以浑都水为名。汉初，因燕王卢绾欲反，被周勃平定，并屠浑都城，置上谷郡，有十二县，便以一音之转，改"浑都"为军都，为十二县之一。浑都县改为军都县，约在西汉高祖十一年（前196）。

由此可知，今昌平区境约在战国中晚之交，已置县。因此，昌平区在本书目录及内容中的排序位在前列，突破了北京市现行行政区划习惯排名。在学术研究中这是允许的。这实际上是一种郡县地名源流考的体例范式上的创新。在这本专著中，如北京、房山、顺义、密云的排序，莫不体现了这一点。

其次，内容考释的方式方法也有特色。

秦汉之后，因朝代的不同，北京市区划地名各有称谓。从这些区划地名的设置来说，涉及原居民族、自然地名、聚落地名、地域地名、区划地名的历史渊源、文化依源、沿革演变等，而区划地名的源流探讨，更是本书的重中之重。

如何在区划地名源流考释方面找到更适合内容考释的方式方法，是作者应该高度重视的问题。以北京通州区的考释为例，作者紧扣通州地名的专名、通名考证后认为，路县之设与地势交通状况密切相关。

今通州境内，古地名为路。何以得名？因地势阔坦，多河富水，自古是连通北京与冀东、津西的交通枢纽，实为今京、津、冀水陆要津。自古是西出蒙古高原，北上辽东及东北，南下津、冀南的交通战略节点。殷商时代之肃慎、岛夷、孤竹、令支等小方国，通过卢龙古道必经今通州、北京城，向周都镐京（今陕西西安）进贡方物。后燕国都蓟城，与辽东郡、辽西郡的邮驿、交往，必经今通州走卢龙古道东支，故得名为"路"。其得名约在周武王灭殷商"封邦建国"之时。亦不排除春秋时为军邑名，战国时为县邑名。此后"路"作为地域名久存不衰，直至汉初置路县。

西汉末东汉初，路县何以改称为潞县？作者考证后认为，当与东汉时水路交通大运河改善相关。因东汉初，潞县治是通往东北的卢龙主道节点；流经今通州的潮白河，得名潞河，这是通往京师（今洛阳）及广阳郡治（今北京古城）的漕运主道。故置县时，以潞河名县。金天德三年（1151）置通州，实由地理交通优势及漕运而兴。通州是名副其实的"水陆之要会"。

总之，今通州区，从聚落地名、地域地名到行政区划地名的演变过程，都与陆路、水路及邮驿的交通优势及节点等密切相关。

在本书体例中，如不把握好内容考释的方式方法，是不可能得出以上正确结论的。

再次，学术研究方式方法上力求创新也是较为显著的一个特色。

学术研究贵在创新，地名学术研究更应如此。作者在北京市区划地名学术研究中，始终坚持了这点，十分可贵。

以北京地名源流考为例。北京上古称幽州，又称幽都、幽陵。作者充分利用地理学、历史学、语言学、民族学、民俗学、地名学等原则方式、方法，又利用地名学的地名实体考证法、地名语源考释法、地名语义分析法、地名史源考析等方式、方法，对幽州的地貌特征、文献记载、出土文物等，经过全面梳理考证后认为：《尚书》列九州，始有幽州之称；其时，幽州当为地域地名。幽州，作为帝尧时天文官和叔驻邑，又曰幽都；以及"流共工于幽陵"筑城族居，又称幽陵。以上当为史实。

当然，这些都是学术探讨问题。然而，对北京上古历史地名严谨考证，迄今为止，这是最具说服力的说法之一，值得肯定。

对于北京历朝蓟国、燕国、广阳、中都、大都、北京等行政区划地名，无不采用以上方式、方法，加以梳理、考证，力求得出正确结论。

最后，内容书写上采取了突出重点、解疑释惑的方式、方法，使读者耳目一新。

北京地名，据不完全统计有30余说（亦说27说），在全国而言，是绝无仅有的，可谓全国之最。截至2009年底，北京市所辖19县、区，皆有历史沿革、历史文化可考。如果在考释内容上不分轻重缓急而面面俱到，在一些疑难问题上又避重就轻，那么本书质量就会大打折扣。

在本书写作过程中，作者始终抓住主要内容进行价值文献、出土文物等两方面的重点梳理，始终抓住主要的疑难问题进行剥笋式的严密考证，使北京及各县、区的行政区划地名的来龙去脉一清二楚。

在考释过程中，对于有国史、方志文献记载的区划地名，没有争议的，只作简要的综述。对于先秦文献记载有误的，则进行重点考释。对于有些县、区建置沿革，延伸到春秋战国以前且有争议的，则依据先秦文献及出土文物，进行严谨的溯源与考证。对于区划地名的更名与演变的内外原因，则进行重点考释。由于梳理严谨，方法得当，其结论是令人信服的。综观北京市 19 个区划地名的源流考释，无不体现了以上特点。如房山区划地名的考释，就充分说明了这一点。

作者考证后认为：房山，因山而名。作为自然地名，源于战国、秦，兴于两汉。之后，作者紧紧抓住今房山区域内历史上的中都、良乡、固节、广阳、万宁、房山政区地名，突出各自的地名渊源、更名深因、沿革演变等关键内容，进行全面系统的文献、文物梳理，并对梳理过程中存在的疑难问题进行史源考释，从而使房山区划的地名境况、地名由来、地名命名、地名更命、地名演变、地名沿革等昭然入目，无以为疑。

中国置郡县，始于春秋时期。郡（州）县之制，沿袭 2600 多年至清末结束。它是中国封建社会政治体制稳定的基石，对于国家统一、民族团结、政权认同等有着较强的引领作用。

本书的出版，对于中国历史上郡县政区设置前的地方历史文化的探讨，对于郡县地名历史文化的系统研究，对于夯实中华民族优秀传统历史文化的基石，对于当下我国县以上政区的设置、更名、撤并、稳定、管理，对于利用地名历史文化推动地方经济社会发展等，仍有较好的借鉴、助推作用。读者在认真阅读本书时，会有自己的深切体会的。

当然，作为一本探索性专著，不可能十全十美，其中有些问题也值得进一步探讨。如北京历史地名，有国都、郡国、侯国、郡县、州府等称谓，这些都可以进行考释。但如何从国家行政区划角度对北京历史地名进行多角度的挖掘、整理，还有一定的拓展空间。

余不多言，是为序！

中国地名学会会长　王胜三

2020 年 4 月 18 日

目 录
CONTENTS

北　京

北京，是我国最负盛名的历史文化名城，至今已有三千多年历史[1]。北京地名，据不完全统计有30余说（亦说27说），可谓全国之最[2]849。然而，以域邑、国都称名，主要有幽州、蓟、燕、大都、北平、北京之称，皆为今北京最古区划地名，历史文化渊源深厚，先择其考释。

一、幽州

北京最早称名幽州，又称幽都、幽陵。《尚书·尧典》："流共工于幽州，放驩兜于崇山，窜三苗于三危，殛鲧于羽山，四罪而天下咸服。"又云：尧"申命和叔，宅朔方，曰幽都"。前者《孟子·万章上》原文引用[3]。《史记·五帝本纪》："于是舜归而言于帝，请流共工于幽陵。"[4]22［集解］马融曰："北裔也。"［正义］：《尚书》及《大戴礼记》皆作"幽州"。可见幽州，又别称幽都，也称幽陵。

幽州，何以为名？幽，甲骨文训幽为黑。卜辞借为黝，其义为青黑。古文中有十几种释义，其本义指隐蔽。《荀子·正论》："上幽险，则下渐诈矣。"《礼记·儒行》："幽居而不淫。"孔颖达疏："幽居，谓未仕独处也。"《说文》："幽，隐也。"州，古文本义指：水中陆地。依甲骨文字形释义。《说文》："州，水中可居者曰州。""州"通"洲"。后引申为地域或行政区划之义。《尚书·禹贡》："禹别九州。"《尚书》列"九州"，始有幽州之称[5]20。其时，幽州当为地域地名。但也不排除部落城邑地名。上古传说时代，幽州当属此况。

幽州最早得名，当与天文官和叔驻邑有关。《史记·五帝本纪》：帝尧"申命和叔，居北方，曰幽都"。《史记》［集解］孔安国曰："北称幽都，谓所聚也。"［索隐］《山海经》曰："北海之内，有山，名幽都之山。"［正义〕案：北方幽州，阴聚之地，命和叔居理之。北方之官，若《周礼》冬官卿[4]15。帝尧时有天文历法大臣羲、和两对兄弟，被帝尧分命东、南、西、北四方，"敬顺昊天，数法日月星辰，敬授民时"。

幽州得名，更与共工氏迁徙密切相关。

其一，共工氏，传为炎帝祝融部落后裔。先秦典籍《尚书·尧典》《孟子·万章上》《荀子·议兵》《韩非子·外储说》《山海经·大荒北经》《列子·汤问》等皆有载。其部族有著名首领，周厉王时为共伯和，立有共国。《古竹书纪年》："共伯和干王位。"《左传·隐公元年》："大叔出奔共。"杜注："共，国。今汲郡共县。"《汉书·地理志》：河内郡县十八，其中有"共，故国"。孟康曰："共伯入为三公者也。"[6]共伯当为共工氏后裔。

其二，共工氏所处时代，为颛顼、帝喾、尧、舜、禹时代。《管子·揆度篇》："共工氏之王，水处十之七，陆处十之三，乘天势以隘制天下。"《左传·昭公十七年》："共工氏以水纪，故为水师而水名。"[7]979《淮南子·修务训》："共工振滔洪水，以薄空桑。"传为善治水部落。因部落势力强大，常与姬姓部落抗争，《史记·楚世家》："共工氏作乱，帝喾使重黎诛之而不尽。"[4]1387

其三，先秦文献与考古学考察，可证今河南辉县市一带，应为共工氏早期活动中心区域。辉县市孟龙庄龙山文化城址，可能与上古传说中的共工氏有关[8]。《左传·昭公二十九年》："共工氏有子曰句龙，为后土。"[7]331《国语·鲁语上》："共工氏之伯九有也，其子曰后土，能平九土，故祀以为社。"[9]39-40《礼记·祭法》也有同载。在春秋战国时代，后土已奉为农业丰收及生育保护神，世代祭祀。由此推测，在尧、舜、禹时代，共工氏是善农耕、治水、筑城的部落。

其四，地方史籍也有详载。2011年《辉县年鉴》载：辉县市远古时期为共工氏部族居地。夏属冀州之域，殷商系王畿内地，周称凡国、共国。周厉王三十七年（前841），共国君共伯和受诸侯拥护，代行王政，号共和，是为元年（前841），为中国历史上有确切纪年的开始[10]。

其五，共工氏何时迁徙于幽州，史无明载，但亦有迹可循。《尚书·尧典》始载其事。《孟子·万章上》明载"舜流共工于幽州"。《荀子·成相篇》："禹有功，抑下鸿，辟除民害逐共工。"《山海经·大荒西经》："西北海之外，大荒之隅……有禹攻共工国山。"[11]307《括地志》："故龚城在檀州燕乐县界，故老传云舜流共工幽州，居此城。"[12]这表明唐初共工城仍存在。清光绪《顺天府志·地理志十》载：共工流放地，在密云县东北五十里"安乐庄"。孙冬虎先生认为：《顺天府志》中的安乐庄与燕乐庄、燕乐村，其专名部分皆为一音之转，为近音异写[13]。

其六，密云燕落寨雪山文化遗址出土的新石器、陶器表明：距今6000年左右，密云一带就有人类聚居。尧、舜、禹时期，幽州应有聚落城邑。燕乐村今名燕落寨，发现燕落寨夏家店古村落遗址，时间在公元前2000—前1500年[14]。这虽是北方草原青铜文化，但不排除共工氏聚居这一带与其融合发展。北魏太平真君元年（440），燕乐县治，始建于燕乐村。今有古城遗址，占地面积约2.4万平方米，墙体为粗砂黄褐土夯实。1980年，发现几处汉代砖室墓，出土汉代绳纹瓦、灰陶罐等文物。燕乐县治，极有可能在共工古城址上扩建而成。

总之，古文献尤其是先秦文献及地下文物考古双重证实：《史记·五帝本纪》所载的帝尧"申命和叔，宅朔方，曰幽都"，"于是舜归而言于帝，请流共工于幽陵"有充分依据，当为史实。

二、蓟

北京市古称蓟。蓟，何以得名？古文中多释为术、菊。《尔雅·释草》："术，山蓟。杨，枹蓟。"邢昺疏："此辨蓟生山中及平地者名也。生平地者名蓟，生山中者一名术。"今文多释为多年生草本。全株有硬刺，密被白色软毛，头状花序顶生。全株可入药，有凉血、止血功效[5]1377。

不过，甲骨文中有"燕"字，无"蓟"字。"蓟"为后造字，多见于汉印。然而，也不排除西周初，当有他字代替。极有可能禹京有封邑曰"京"。周武王伐纣灭商时，以京、蓟谐音通假为"蓟"。古人造字少，同音假借字在先秦文献中多见。如《诗经·豳风·七月》："七月食瓜、八月断壶。"此"壶"假借为"瓠"。又如《礼记·乐记》："发扬蹈厉之已蚤。""蚤"通假为"早"。《周易·系辞》："尺蠖之屈，以求信也。""信"通假为"伸"。殷商末禺京后裔封邑或为"京"，周初以谐音通假为"蓟"。当然，京、蓟是否以谐音通假，仍值得探讨。

蓟，从草从术从鱼从刀，这可能更符合禺京后裔京人的实情。故京人转称为蓟人。从草从术，术即秫。秫，可训为糯。"'三月而种秔，四月而种秫。'然皆谓之稻。"[15]从鱼从刀，可训为渔猎之义。

《山海经·大荒东经》："黄帝生禺虢，禺虢生禺京。禺京处北海，禺虢处东海，是惟海神。"[11]282禺京后裔建有郭国，为郭氏，公元前670年亡于齐。《战国策·燕一》载：郭氏后裔郭隗仕燕，为燕昭王之师[9]290-291。《畿辅通志·名臣》认为：郭隗于保定……仍为燕人。由此推知，今北京市与河北西北部，最早族居此地立国者，当为黄帝之子禺京之后裔，亦即兼营稻作及渔猎的京族，筑有京邑。商末因族居于蓟丘之上，故名蓟族，以蓟丘为邑。《水经注·㶟水》："周武王封尧后于蓟，今城内西北隅有蓟丘，因丘以名邑也。"[16]

蓟国封国建都是周武王伐纣灭商的产物。《左传·昭公九年》："及武王克商……肃慎、燕、亳，吾北土也。"[7]259《史记·周本纪》载：武王追思先圣王，乃封"帝尧之后于蓟"。《礼记·乐记》："武王克殷，反商，未及下车，而封黄帝之后于蓟。"[4]1075两说实为一事，因按《史记·周本纪》等古籍记载，帝尧乃黄帝玄孙。

周武王伐纣于牧野，商纣王逃登鹿台自焚而死，时限当在周武王四年（前1043）。杨宽《西周史·西周大事年表》也录为此年[17]871。由此推知周武王封蓟，当在这一年。

蓟国第一任及历代国君，当为殷商末京人方国旧部。因武王克殷，京人方国可能助周伐纣，立有殊功，故"武王追思先圣王，乃褒封神农之后于焦，黄帝之后于祝，帝尧之后于蓟，帝舜之后于陈，大禹之后于杞。"[4]92

"褒封"之褒，古文中有宽、大之义。《盐铁论·论儒》："齐宣王褒儒尊学……"《后汉书·董扶传》："董扶褒秋毫之善，贬纤介之恶。"即是此意。封，古文中指植树为界，后引申为封土立国。《国语·楚语下》："其生不殖，不可以封。"《说文》："封，爵诸侯之土也。"[5]212《公羊传·隐公元年》何休注："有土嘉之曰褒，无土建国曰封。"由此可见，周武王褒封"帝尧之后于蓟"，是褒封先圣后裔商代小方国"京"为"蓟"国，当为事实。不过，此"蓟"因非周姬之"亲"，故历代国史未载周初国君之名。至春秋时期，燕盛蓟弱，终为姬姓燕国所灭，绝非偶然。

周武王伐纣灭商后，周初分封因势兴而异，并非武王一人所为。《左传·昭公二十八年》："昔武王克商，光有天下。其兄弟之国者十有五人，姬姓之国者四十人，皆举亲也。"[7]309而"光有天下"，当在周成王、周康王之际，而大多数封国，在周公东征，灭武庚、管叔、蔡叔反叛，践奄伐薄姑殷商诸侯之时。各家皆有注。现有学者也持此看法[18]。不过，周初蓟国之封，古文献有载，更有地下出土文物证实，是不争的史实。

一是在今北京市广安门一带，发现战国及战国前遗址，有燕国宫殿常用构件；古陶件最早接近于西周时期[19]。在北京市宣武区（现西城区）条周胡同地表以下7米处，出土方折式"偃"字刀币10枚及古代建筑构件饕餮纹半瓦当，以及许多细绳纹陶片。学术界公认为燕国宫殿所用。公元前644年（亦有另说），山戎侵燕，齐伐山戎救燕，后燕庄公为北方诸侯之长，不久燕襄公攻灭蓟国，占其残城又筑新蓟燕，号燕蓟或燕都。

二是在北京市城区西南部，陆续发现春秋战国至西汉时期陶井、大量墓葬；尤以宣武门到和平门一带，最为密集。1973—1974年，分别在法源寺及白纸坊以北，发现2处战国墓群。这为探索春秋战国至汉代蓟城城址，提供了有价值的线索[20]。

三是有学者根据古文献及地下考古资料认为：西周蓟都及春秋战国燕都均位于宣武门、和平门及白云观东西一线的南北两侧。其中西周蓟都小城，当位于广安门外护城河一线东西两侧；而燕国迁都于此后进行了扩建。而商代中期以后的蓟城，为西周之蓟都沿用[21]。齐桓公救燕伐山戎后，燕强蓟弱[22]。在公元前 629—前 628 年，蓟国存国 400 多年，终为燕灭[23]。

三、燕

燕，《史记·周本纪》载：武王克商，封"召公奭于燕"[4]92。

《史记·燕召公世家》载："周武王之灭纣，封召公于北燕。"[4]1293 "召公奭""召公"，实指一人。西周燕国，史载于国史。

燕，何以名之？"燕"字，源于甲骨文，其字形如燕状。《诗·邶风·燕燕》："燕燕于飞，差池其羽。"[24]47《论语·述而》："子之燕居，申申如也，夭夭如也。"《说文》："燕，玄鸟也。"《尔雅·释鸟》："燕燕，鳦。"邢昺疏："此燕燕即今之燕，古人重言之。以其玄色，故谓之玄鸟。"[5]937 玄，古文可训为赤黑、黑，亦可训为幽、阴。由此推断，燕山上古时多燕，故名。幽，亦可假借为黑。《诗·小雅·隰桑》："隰桑有阿，其叶有幽。"毛传曰："幽，黑色也。"幽，通黝。《说文》："黝，微青黑色也。"[24]475《山海经·海内经》："北海之内，有山，名曰幽都之山，黑水出焉。其上有玄鸟、玄蛇、玄豹、玄虎、玄狐蓬尾。有大玄之山。有玄丘之民。有大幽之国。"[11]353《山海经·海内经》中"大玄之山""大幽之国"，可能指燕山、古燕国。由此北京古称幽州、燕，就迎刃而解。

燕国为周成王所封。一是《左传·昭公二十六年》："昔武王克殷，成王靖四方，康王息民，并建母弟，以蕃屏周。"[7]303《左传·僖公二十四年》［疏］：武王克商"乃得封建兄弟，归功于武王耳。并非武王之时已建五十五国，其后不复封人也"[25]。王国维认为：武王克纣之后，只立武庚置三监而去，而未能抚有东土。直到成王时出现武庚之乱，周公平叛于东北方，克商践奄，灭国五十。随后建康叔于卫，伯禽于鲁，太公望于齐，召公之子于燕[26]。

二是周武王灭商伐纣后，其时周朝控制的范围，仅到达黄河北岸及淇水流域殷商故都一带。周武王克商后"封邦建国"，在王畿内分封邶、鄘、卫而置"三监"（蔡叔、管叔、霍叔）。周成王元年（前 1042），周公平管、蔡、武庚之乱，成王年幼。《尚书大传》载：周公摄政二年"克殷"，三年"践奄"（平定东夷奄国），四年"建侯卫"（分封诸侯），五年"营成周"（今洛阳）。

三是《诗经·大雅·召旻》载：召公统兵北伐"日辟国百里"。当在周成王时期。周成王十年左右，北方殷民、殷燕人与殷各属方国叛周，周成王命召公奭平叛取胜后，返回宗周，因功殊伟，乃封召公奭于燕（今北京市房山区琉璃河一带）。这是深入北方最远的一支姬姓贵族[17]579。

然而，召公奭并未亲自就封，其长子郾侯克代父就职，为第一代郾侯。《尚书·君奭·序》："召公为保，周公为师，相成王左右。"从北京房山董家林出土文物"堇鼎"铭文看，召公奭并未亲自就封，而是留在宗周都城，为周成王身边重臣[27]。召公派"元（长）子"郾侯（克）代父就职，为第一代郾侯。曲英杰先生根据董家林墓葬出土青铜器铭文考证后认为：第一代郾侯克、第二代郾侯舞、第三代郾侯癸，连同召公奭四代父子相传[28]。因此之故，周成王封燕，比周武王褒封"帝尧之后于蓟"晚10余年。

周成王封召公奭于北燕，立都城于琉璃河边，已被今北京市房山董家林西周古城遗址所证实[29]。琉璃河古城遗址，为燕国都城存360余年。在燕桓侯即位初年（前691）迁都临易。今河北容城县有易城遗址，今容城县晾马台、南阳一带出土"西官""左征尹"铭文铜壶，皆可为证。《世本》"桓侯徙临易"及《括地志》《太平寰宇记》两书，均有考载。35余年后，燕庄公二十八年（前663），国都又迁驻原蓟城附近的上都蓟，即今北京市广安门护城河一带。迁都前灭蓟国为燕境。实际上是占蓟国之旧蓟都，扩建而为燕都蓟城。燕国在蓟城建都150余年。

约在燕文公三年（前552），即齐庄公二年，齐国联合山戎等部共击燕师。在前554—前544年，燕文公又迁都今易县燕下都，300年不易；又以上都蓟为副都。因此之故，今北京市古城建城史约有3100年，建都史850余年。这不包括今北京市殷商所封京人（蓟人）方国邑，更不包括尧、舜、禹时代的共工城。

秦王政二十年即燕王喜二十八年（前227），燕太子丹遣荆轲刺秦王未遂，秦将王翦率军攻燕，毁其都城，秦兵临易水。燕王喜与逃到代地的赵公子嘉，联兵攻秦兵，败后燕太子丹逃匿于衡水，旋被秦将李信追斩。燕王喜弃蓟城，率兵退却辽阳。5年后，秦将王贲俘燕王喜，燕国亡于秦。燕国约存840年，传王42代，五易都城，其中立都蓟城最久，燕城次之，燕下都、临易又次之，辽阳立都仅5年而国灭[23]。

秦灭燕，置蓟县，治今北京城西南，亦为广阳郡治。共和国《北京志·建置志》载：西汉，境域分属上谷、渔阳二郡和燕国（后改广阳国）。汉武帝分为幽州刺史部，为监察区，州治常寄迁。东汉，境域置有幽州和燕郡（国），郡（国）下领县。东魏时，塞外州郡县内徙，行政建置难以详述。隋开皇初，废郡存幽州；大业初改置涿郡。唐初又改涿郡为幽州。唐建中二年（781），分蓟县置幽都县，同为幽州治。辽改蓟县为蓟北县，建为陪都，号燕京；为析津府治，领州县若干。析津、宛平二县依郭，为府治[30]。

四、中都

中，古今文有10余种释义，其本义指中间位置。都，古今文有近20多种释义，其本义指城邑。中都，意为金朝境域正式建都并位处中间的大城。

中都建立，与女真族完颜部首领乌古遒之孙阿骨打（1068—1123）创立金国有关。北宋衰落后，北方女真族逐渐强盛。公元10世纪时，族部历受辽国欺压。11世纪末，女真族完颜部崛起，其余部落纷纷归附。统一众部落后，北宋政和三年（1113），阿骨打为酋长，率部攻辽取胜，建立金国，建都会宁（今黑龙江哈尔滨市阿城区南）。

1125年，金灭辽；1127年灭北宋。1153年，金海陵王迁都燕京，改名中都（在今北京市内），置中都路和大兴府，下领州县若干。据《金史·本纪第五·海陵》载："改燕京为中都，府曰大兴，汴京为南京，中京为北京。"北京之名始见。其时，中京府治，在今吉林省和龙市西古城。

因位于汴京（今河南省开封市）之北，故称"北京"，与明代"北京"有别。其时，大兴、宛平为附郭县，后又立都开封。其国力强盛时，国土辽阔，长期与南宋对峙，争战不止，为我国统治北方的王朝。天兴三年（1234），在蒙古与南宋联合进攻下金灭亡。历9帝[31]。

五、大都

大都，何以得名？大，古今文中有十几种释义。其本义指：在空间位置方面（面积、体积、容积）超过一般所比对象，与小相反。《论语·子路》："见小利则大事不成。"《荀子·天论》："大而无思之，孰与物畜而制之？"皆含此义。大都，即指大的城市，即为元代的大都城。

1964年，经地下文物考古发现：大都城平面呈长方形，城墙夯筑，四面辟城门11座，由外城、皇城和宫城组成。南北长7600米，东西长6700米，总面积50多平方千米。皇城位于外城南部中央，宫城在皇城的偏东部，遵循"前朝后市，左祖右社"的汉制。城址内发现城门、街道、水涵洞、下水道、居住遗址等遗迹，出土物以瓷器为主。它包括今北京市旧城的内城及其以北部分，始建于元至元四年（1267），至元十三年（1276）基本完工，是当时世界上最大的都市。

元朝大都，始建于今北京，当与元世祖忽必烈（1215—1294）立国治政密切相关。《元史·忽必烈传》载："世祖度量弘广，知人善任使，信用儒术，用能以夏变夷，立经陈纪，所以为一代之制者，规模宏远矣。"[32]有关史籍载：忽必烈为政期任用儒生，注重农桑、兴办屯田、攻云南、灭大理（1254）后，率军攻宋鄂州（今湖北武昌）。1259年兄死继大汗位，始建年号称中统。其弟联合诸王反，至元元年（1264），忽必烈平叛胜利后，迁都燕京称大都（今北京市）。至元八年（1271）定国号为元。至元十六年（1279）灭南宋，统一全国。之后，忽必烈多次向中亚邻国进攻均败。忽必烈在位期间，建立行省制度，强化中央集权与边疆管理，提倡朱程理学，巩固发展多民族国家。但因阶级、民族压迫沉重，人民反抗不绝。而迁都于大都，建成国际大都市，也足见其睿智大略。元代，今北京境域属中书省（腹里）、大都路和大兴府，下领州县若干。

六、北京

北，古今文中有 10 余种释义，其本义为方位，与"南"相对。在甲骨文中，其字形像二人相背状，后引申为背脊之"背"。中原以北建筑，多背北朝南，故泛指北方之北。《诗经·大雅·大东》："维北有斗，不可以挹酒浆。"《孙子·军争》："背丘勿逆，佯北勿从。"[5]110 皆含此义。

京，古今文中有数种释义，其本义为高丘。《说文》："京，人所为绝高丘也。"亦指京城、国都。《诗经·大雅·文王》："裸将于京。"张衡《东京赋》："京邑翼翼，四方所视。"皆为此义[5]120。

北京，即为地处北方的全国都城。

北京成为明代全国之都，当与朱元璋第四子燕王朱棣（1360—1424）"清君侧"，以武力夺取皇位有关。《明史·成祖传》载：洪武三年（1370）封燕王。"王貌奇伟，美髭髯。智勇有大略，能推诚任人。"

有关史料载：建文元年（1399），燕王朱棣起兵自称"靖难"，四年破京师（今江苏南京市），朱棣夺取帝位。永乐元年（1403），改顺天府为北京。北京之名，始载国史、地志。永乐七年（1409），拓管北方至库页岛一带。永乐十九年（1421），迁都于此，称京师，仍习称北京，并置顺天府，府下领州、县，州下亦领县。以南京为留都。朱棣在位期间，经济发展，民生改善，强化中央集权，维护巩固多民族国家统一，扩大对外交往，加强文化建设，编纂《永乐大典》，提高国际地位，多有贡献。因压迫剥削日重，曾爆发唐赛儿农民起义[33]。

清代基本沿袭明制，属直隶省、顺天府、宣化府。直隶州领县，一般州不领县。清顺天府下又设东、西、南、北四路同知，亦称四路厅，非一级行政区。

七、北平

民国前期，北洋政府仍以北京为都，废顺天府，改置京兆特别区，又废州称县。1928 年国都南迁，改北京为北平，置北平特别市，仅辖城区和近郊，城区范围同清代。废京兆特别区，原属县划属河北省（直隶省改名）。1930 年，北平特别市降为北平市，属河北省。北平市设辖若干区。

八、北京

1949 年 10 月 1 日始，北京成为中华人民共和国首都，为全国的政治中心、文化中心，为中央直辖市。后地名不变，区划数调，境域大扩，始成现域[2]849。

北京境内依山偎海，多冲积平原，河流众多，气候适宜。富有矿产，农业多特产。高科技工业富集，为全国最大交通枢纽。历为中国历史文化名城，现为全国文化、教育中心。文物众多，尤以周口店猿人遗址、房山董家林西周古城遗址、八达岭长城、故宫、圆明园遗址等，闻名于世[2]849—850。今生态日益改善，渐成宜居大都市。

参考文献：

[1] 北京志[M]．北京：北京出版社，2013：1－50．

[2] 中国古今地名大词典[M]．上海：上海辞书出版社，2010．

[3] 焦循．孟子正义[M]．石家庄：河北人民出版社，1988：371．

[4] 司马迁．史记[M]．北京：中华书局，1999．

[5] 汉语大字典[M]．武汉：湖北辞书出版社，1997．

[6] 班固．汉书[M]．北京：中华书局，1999：1252．

[7] 陈戌国．春秋左传校注[M]．长沙：岳麓书社，2006．

[8] 周书灿，毛长立．共工氏流徙的考古学考察[J]．文物春秋，2008（2）．

[9] 国语·战国策[M]．长沙：岳麓书社，1988．

[10] 辉县历史沿革[EB/OL]．www．huixianshi．gov．cn．

[11] 叶舟．山海经全书[M]．呼和浩特：内蒙古人民出版社，2010．

[12] 贺次君．括地志辑校[M]．北京：中华书局，2010：109．

[13] 孙冬虎．幽州、蓟城、居庸关的语源[J]．中国地名，2016（3）．

［14］中国大百科全书·考古学［M］. 中国大百科全书出版社, 2004: 571.

［15］杨荫深. 细说万物由来［M］. 北京: 九州出版社, 2005: 420.

［16］陈桥驿. 水经注校证［M］. 北京: 中华书局, 2011: 324.

［17］杨宽. 西周史［M］. 北京: 中华书局, 2008.

［18］唐晓峰. 蓟、燕分封与北京地区早期城市地理问题［J］. 中国历史地理论丛, 1999（1）.

［19］赵正之. 北京广安门外发现战国和战国前的遗址［J］. 文物考古资料, 1957（7）.

［20］北京文物研究所. 北京考古四十年［M］. 北京: 北京燕山出版社, 1990.

［21］韩光辉. 蓟聚落起源与蓟城兴起［J］. 中国历史地理论丛, 1998（1）.

［22］顾德融, 朱顺龙. 春秋史［M］. 北京: 中华书局, 2008: 80.

［23］薛兰霞, 杨玉生. 论燕国的五座都城［J］. 河北大学学报（哲学社会科学版）, 2011, 36（1）.

［24］程俊英. 诗经译注［M］. 上海: 上海古籍出版社, 1985.

［25］杜预. 春秋左传注［M］. 孔颖达, 正义. 北京: 北京大学出版社, 2000.

［26］王国维. 王国维全集·书信·殷周制度论［M］. 北京: 中华书局, 1984: 214.

［27］陈强. 出土多件国宝的董家林、黄土坡两村启动搬迁［N］. 北京日报, 2018-10-10（02）.

［28］曲英杰. 周代燕君世系考辨［J］. 史林, 1996（4）.

［29］王鑫, 柴晓明, 雷兴山. 琉璃河遗址 1996 年发掘简报［J］. 文物, 1997（6）.

［30］薛国屏. 中国古今地名对照表［M］. 上海: 上海辞书出版社, 2011: 03.

［31］脱脱. 金史［M］. 北京: 中华书局, 1999: 13-29.

［32］宋濂. 元史［M］. 北京: 中华书局, 1999: 254.

［33］辞海编辑委员会. 辞海（缩印本）［M］. 上海: 上海辞书出版社, 1985: 1388.

宣　武

北京市宣武区境，尧、舜、禹时，当属幽州、冀州之域；商属土方、亳、孤竹方国地。《河北地名源流考》认为：尧、舜时代属共工势力范围。历传筑有共工城，北京城邑史有 3500～4000 年。公元前 11 世纪，周武王"封帝尧之后于蓟"[1]，"都蓟城"（核心部位在今西城区广安门一带）。公元前 8 世纪，"蓟微燕盛"，燕"乃并蓟而居之"，遂迁都蓟城[2]81。

秦属蓟县。两汉至唐代，皆属蓟县之域，其蓟城或为封国邑，或为州、郡治。契丹会同元年（938），升幽州城为南京，区境为析津县地。金代海陵王迁都，改南京为中都，区境大部在中都城内。元代于中都东北郊建大都，区境处大都西南郊，时称南城（旧城）。明、清两代属大兴、宛平两县地。民国时设区，属北京市。1945 年抗日战争胜利后，区境为第九区、第十一区全部及第十二区之一部[2]81。

1949 年 1 月北平和平解放后，仍袭旧制，后区划略调。1950 年 5 月，今宣武区境分属北京市第八区、第六区及第九区之西半部。1952 年始置宣武区。后区划累调，未改宣武区名。

第八区、第六区、第九区。第，次序。《国语·周语下》："夫宫，音之主也，第以及羽。"《史记·萧相国世家》："平阳侯曹参，身被七十创，攻城略地，功最多，宜第一。"皆含此义。八，数词。字出甲骨文，字形"取假象分背之形"，后引申为数词，七加一之和。《玉篇·八部》："八，数也。"《周易·系辞上》："天七，地八。"皆指此义。区，指区域，后多指区（县）行政区划。《玉篇》："区，域也。"《尚书·康诰》《史记·孟子荀卿列传》，皆释为此义。第八区，以数序"八"命名的区级（县级）行政单位。第六区之"六"，字出甲骨文。数词，五加一之和。《周易·系辞下》《九章算术·方程》，皆载为此义。第九区之"九"，数词，源出甲骨文，字形像肘形，本义指肘，后借音为"九"，有多数之义[3]20-21。

第八区、第六区、第九区之设置，当与时局相关。

清末，北京已设巡警厅，实行分区制。民国二年（1913）设警察厅，统辖内外城 20 个区。1950 年，大兴、宛平二县治迁出，不分治北京城。之后，民国政府调整北京城区区划，至 1945 年，今宣武区境，始属第九区、第十一区全部及第十二区一部分。

北平和平解放时，因旧政权被共产党新政府接管，为稳定时局，暂因袭旧制。1949 年 9 月，新政府改北平为北京，正式定都北京。这标志着共产党领导的北京市政府全面接管北京市。1950 年，又将北京市原辖 20 个区调整为 16 个区，今宣武区境为第八区、第六区及第九区西半部辖地[2]83。1952 年，北京市区划再次调整。共和国成立后，两次区划调整，为宣武区的成立，创造了物质基础及民意等条件。

宣武，何以为名？因区境内有宣武门而得名。

宣，字出甲骨文，字形为宫式大屋。《左传·襄公二十九年》："用而不匮，广而不宣。"《淮南子·本经训》："武王甲卒三千，破纣牧野，杀之于宣室。"高诱注："宣室，殷宫门。"《说文·宣部》："宣，天子宣室也。"[3]388

武，字出甲骨文。从止表示行进，从戈表示武器，为会意字，表示征伐或示威之义。后泛指军事活动。《书经·大禹谟》："乃武乃文。"孔颖达疏："乃武能克定祸乱。"《孙子·行军篇》："故令之以文，齐之以武。"清徐灏《说文解字注笺·止部》："武者，兵事也。"[3]605 宣武，取张衡《东京赋》"武节是宣""武烈宣扬"之义为名。

宣武门，原为顺承门。这与元世祖忽必烈迁都建元大都相关，也与明成祖迁都北京扩改北京城有关。

《元史·忽必烈传》对其评价颇高，称元世祖"所以为一代之制者，规模宏远矣"[4]254。忽必烈起用太保刘秉忠主持修筑元大都城。刘崇佛又精通道家学说，史载刘在大都城设计上，采用传说中哪吒形象，作"三头六臂两足"状，大都城十一门。《元史·地理志》始有明载[4]904。《析津志》载：至元四年（1267）二月，迁都燕京后，"于燕京东北隅，辨方位，建邦建都，以为天下本"。历 12 年而成。共辟十一门。其中有丽正、顺承、文明等十一门。其中"顺承"，大概取"顺天承运"之义为名。

明洪武元年（1368）八月，明将徐达攻取元大都之后，即命指挥华云龙筑城垣。《寰宇通志》载："缩其城之北五里，废东西之北光熙、肃清二门，其九门俱仍旧。"南三门，正南曰丽正，左曰文明，右曰顺承。明成祖夺建文帝位后，改元永乐，于当年将首都从南京迁至北京，并着手改建都城。《明太宗实录·卷一〇五》载："永乐十七年十一月甲子，拓北京南城，计二千七百余丈。"这次改扩北京城，从永乐四年至永乐十八年（1406—1420），历 14 年而成。明永乐十九年正式迁都北京。

这次改扩建的北京城，向南移 0.8 千米而成如今形制。将原北城拆掉，东西城拆其一部分，另建北城，并将土城改为砖城。同时，把元大都十一门改为九门，南城丽正、文明、顺承三门依旧。明正统元年（1436）十月，英宗朱祁镇又修筑北京城垣，于正统四年（1439）四月而成，完善了各门"楼铺之制"。据明《工部志》载："更名丽正为正阳，文明为崇文，顺承为宣武，齐化为朝阳，平则为阜成，余四门仍旧。"宣武门，始载国史。

宣武门得名后，历明代未改，清代仍沿用。"宣武"之名与南城左"崇文"相对，世称"左文右武"。宣武门瓮城上，明、清时设置火炮，其门面阔五间（不含廊），通宽 32.6 米，进深 3 间，通进深 23 米，楼连台通高 33 米，重檐歇山顶三滴水楼阁式建筑。朱墙绿瓦，城楼二层，颇为壮观。1966 年为修京城环城地铁，宣武门仅存的城楼遭拆。

1952 年设区，区治广安门南街，以宣武门为名。2010 年北京市撤销西城区、宣武区，设立新的西城区，宣武之名仅有地片名存留。

区境内古迹众多，历史文化深厚，今择其二考释。

陶然亭，亦名江亭。为清代名亭，现为中国四大历史名亭之一。陶然亭位于元慈悲庵西侧。明正统四年（1439），为修城墙宫殿，在元代窑厂基础上兴办窑厂，取土烧制黑砖瓦。清康熙三十四年（1695），工部郎中江藻奉命监理黑窑厂，便在慈悲庵西侧建亭，称江亭。后取白居易诗"更待菊黄家酿熟，与君一醉一陶然"中"陶然"句，命为陶然亭。江藻遗墨"陶然"二字，至今存留于亭内[5]375。

陶然亭，何以为名？陶，多指制作瓦器为陶。《孟子·告子下》《吕氏春秋·慎人篇》语句中，释为此义。《史记·五帝本纪》："舜耕历山，渔雷泽，陶河滨，作什器于寿丘，就时于负夏。"张守节正义："于曹州滨河作瓦器也。"[3]1722然，古同燃。《孟子·公孙丑上》《汉武帝内传》语句中，释为此义。《说文·火部》："然，烧也。"后引申为照耀、热烈之义，多指心境愉悦之义。陶然，舒畅欢乐的样子。亭，一种让旅人安歇的有顶无墙的小型建筑物。《韩非子·内储说上》《后汉书·西域传》语句中，释为此义。《说文·高部》："亭，民所安定也。"陶然亭，让人心情欢悦的亭子。

陶然亭建成后，颇受文人喜爱，更为来京文人必游之地。有清一代，享有隆誉，成为京城一胜景。陶然亭，面阔三间，进深一间半，面积90平方米。亭梁之上有彩绘，有山水花鸟彩画。亭上有江藻、齐白石、郭沫若所题三大名匾，有林则徐、翁方纲题写的楹联，有江藻、谭嗣同等撰写的序、跋。昔时江藻常邀文人于此雅聚，故留下诗文较多，尤以秋瑾、龚自珍诗文著称一时。近代中国共产党创始人李大钊、毛泽东、周恩来、邓中夏、恽代英、高君宇等在此参加革命活动，也为高君宇及女友石评梅遗骨安葬处。"文革"中，高、石之墓遭毁，今仅剩骨灰等遗物。

陶然亭、慈悲庵，三面临湖，东与中央岛揽翠亭对景，北与窑台隔湖相望，西与云绘楼、清音阁相视。陶然亭，四周风景优美，胜迹颇多。1952年以此为中心，建陶然亭公园，总面积56.56公顷，其中水面16.15公顷。园内林木葱郁，花草繁茂，楼阁参差，亭台掩映，景色宜人。公园内建有华夏名亭园，有独醒亭、兰亭、少陵草堂碑亭、二泉亭、浸月亭、醉翁亭、谪仙亭、云绘楼、清音阁等[6]2571，更逗游人喜爱。

广安门，亦名彰义门。因该门与金中都彰义门在同一轴线上，故又称彰义门。明嘉靖三十二年（1553）建外城时，其西侧正门为广宁门。清时为避道光皇帝旻宁名讳，改称广安门[5]326。原形制与广渠门相同。清乾隆三十一年（1766），因该门为南方各省进京的主要通道，便提高城门规格，仿永定门城楼加以改建，始成规制。

广安门。广，宽阔。《诗经·卫风·河广》《荀子·修身》语句中，释为此义。《广雅·释诂一》："广，大也。"安，字出甲骨文，字形如女人在屋中静待，多释为安定、安宁。《诗经·小雅·常棣》《左传·襄公十一年》语句中，释为此义。《说文·门部》："安，静也。"门，字出金文。多指建筑物供人畜的出入口。《周易·同人》《左传·文公十五年》语句中，释为此义。《玉篇·门部》："门，人所出入也。"广安门，谓之宽广安宁之门。为寓意地片名。

广安门未改名之前，当年在城外有两条石砌大道：一为连通永定门与正阳门，为皇帝去天坛和先农坛祭祀御道；一为通向广安门的大道。由于辽南京都城、金中都的都城，中心皆在广安门一带，故广安门大街是各省陆路进京的必经大道，两边楼铺林列，较为繁华。民国二十年（1931）拆掉瓮城。1954 年拆掉城楼。20 世纪 70—80 年代，拆完城墙，广安门外大街旧貌不存。

1993 年广安门大街加宽至 70 米，2001 年两广路修成通车，这一带经济发展，渐成北京商业中心之一。旧志载：广安门是外城唯一向西开的门，与广渠门相对。城楼形制一如内城，重檐歇山楼阁式建筑，灰筒瓦绿琉璃瓦剪边顶，面阔三间，通宽 13 米，进深一间，通进深 6 米，高 17.6 米，楼与城台通高 26 米。瓮城呈方形，两外角为圆弧形，东西长 34 米，南北宽 39 米，瓮城墙基宽 7 米，顶宽 6 米。今遗址无存，仅剩广安门地名，以及由广安门衍生的广安门外大街、广安门外北街、广安门外南街、广安门车站东街、广安门车站西街等地片名。

广安门事件。1937 年 7 月 26 日下午，约 500 名日军企图进入北平城中，与广安门中国守军二十九军发生冲突并交战。当日，日本驻屯军便以"广安门事件"为借口，下达了攻击二十九军作战命令。7 月 27 日，日军分别攻击通县、团河、小汤山二十九军驻地。次日，日军又对二十九军军部驻地南苑发动进攻。二十九军副军长佟麟阁和一三二师师长[7]赵登禹以身殉国，二十九军作战失利。冀察当局首脑宋哲元却将三十七师撤出，并通知日军松井机关（驻北平日本特务机关）。29 日，日军攻驻北平。中国驻军失守北平，北平沦陷。

区境东部大栅栏、琉璃厂一带，为传统商业、文化区，有同仁堂、瑞蚨祥、荣宝斋等名店及中和戏园、老舍茶馆等文化设施。珠市口、菜市口为繁华商业区。区南有天桥剧场、古建筑博物馆。有天宁寺塔、法源寺、牛街礼拜寺等古迹。交通便捷，现成京都旅游大区[6]2301。

参考文献：

[1] 司马迁. 史记 [M]. 北京：中华书局，1999：92.

[2] 北京市宣武区志 [M]. 北京：北京出版社，2004.

[3] 汉语大字典（缩印本）[M]. 武汉：湖北辞书出版社，1992.

[4] 宋濂. 元史 [M]. 北京：中华书局，1999.

[5] 王彬，徐秀珊. 北京地名典 [M]. 北京：中国文联出版社，2008.

[6] 中国古今地名大词典 [M]. 上海：上海辞书出版社，2010.

[7] 杨国. 广安门事件的来龙去脉 [J]. "九一八" 研究，2014.

昌 平

史载西汉元封元年（前110），始置昌平、军都二县，属上谷郡。置县前，历有浑都之称，置县后有军都、昌平、长昌、燕平、万年（言）之谓[1]48。境内历史悠久，文化深厚，其区划地名，皆有历史文化渊源可考。

浑都，何以为名？浑，古今文中多指：浑浊。《老子·第十五章》："旷兮其若谷，浑兮其若浊。"后引多作为盛、大之义[2]709。都，古今文中多释义：都邑；此释为"县"。春秋战国时，"蛮夷"之域，置都辖其境，实为县。浑都，最早应是自然地名，可能与山戎活动于此地密切相关。《史记·匈奴列传》："唐虞以上有山戎、猃狁、荤粥，居于北蛮。随畜牧而转移。"又云："燕北有东胡、山戎。各分散居溪谷，自有君长，往往聚者百有余戎，然莫能相一。"[3]2205-2208

世代相传，军都山原名浑都山。春秋战国前，有桓都部落生活于这一带。战国时桓都以一音之转为"浑都"。桓都山，亦名浑都山，其水亦云浑都水。春秋时，这一带为山戎所居。山戎，亦称北戎、无终、代戎，戎人一支。春秋初，分布于今山西太原至河北玉田县西北无终山一带，族称众多。善种冬葱、戎菽。周宣王三十八年（前790），为晋国所侵。周平王二年（前769），又遭邢国攻伐，前7世纪势力渐强，先后攻掠郑、燕、齐等国。周惠王十四年（前663），齐桓公救燕伐山戎，得其冬葱、戎菽，移植齐国。《国语·齐语》《晋语·二》《管子·小问篇》《韩非子·说林上》《后汉书·西羌传》等皆有载。周灵王三年（前569），与晋和好，常以虎皮交易。周景王四年（前541）同群狄与晋战于太原。周贞定王八年（前461）为赵所灭[4]266。春秋时，山戎将养育其部众的山水，分别命名为浑都山、浑都水。

浑都得名，当在春秋战国之交。

一是幽州在尧、舜、禹时代，当属幽州（幽都、幽陵）之域，历为中原王朝势力范围。尧、舜时，当为朝廷天文官和叔筑邑所居；舜、禹时当为共工氏北迁筑城族居。先秦两汉古文献《尚书·尧典》《周礼·冬官》《孟子·万常》《荀子·议兵》《韩非子》《山海经·大荒北经》《列子·汤问》《史记·五帝本纪》皆有载。古籍载：共工部落，早期活动于今河南辉县市一带，辉县市孟龙庄龙山文化城址可能与上古传说中的共工氏有关[5]。其部族在距今4000～3500年，由北迁今北京市密云区一带，今境内燕乐寨（燕乐村）夏家店古村文化遗址极可能是在共工氏古城遗址上扩建而成[6]。

二是周勃率军平卢绾后，改浑都县为军都县，属上谷郡。《史记·匈奴列传》载：战国中晚期，约公元前300年，燕国已置上谷郡，浑都时属上谷郡。《史记·绛侯周勃世家》："燕王卢绾反，勃以相国代樊哙将，击下蓟，得绾大将抵，丞相偃、守陉、太尉弱、御史大夫施，屠浑都。破绾军上兰，复击破绾军沮阳。追至长城，定上谷十二县，右北平十六县，辽西、辽东二十九县，渔阳二十二县。"[3]1649［正义］引《括地志》云："幽州昌平县，本汉浑都县。"卢绾（前256—前194），与刘邦是同乡好友。楚汉相争中，官至太尉。刘邦立汉朝后，封为燕王（今北京）。汉高祖十一年（前196）同陈豨叛乱，刘邦遣周勃攻打卢绾，攻下上谷、渔阳、右北平、辽西、辽东等郡，卢绾携家人奔走匈奴。汉惠帝元年（前194），卢绾死于匈奴，年63。

三是战国时燕国称"都"为县。都，《周礼·地官·县师》："凡造都邑，量其地，辨其物，而制其域。"《说文通训定声·豫部》："都，侯国之下邑，亦曰都。"都，为夏制，因朝代不同，而各有行政区划建置。至春秋时，边邑之地，命之为都。《管子·乘马》："官成而立邑。五家而伍，十家而连，五连而暴。五暴而长，命之曰某乡。四乡命之曰都，邑制也。"[2]1572《汉书·百官公卿表》："有蛮夷曰道。凡县、道、国、邑千五百八十七……"[7]624春秋时，各诸侯国多在边境置郡，地位反不如县。晋定公十九年（前493），赵简子（鞅）率师伐郑，在誓词中说"克敌者，上大夫受县，下大夫受郡"[8]即为证。这是我国历史上推行县、郡两级制的开端。战国时，遂成郡、县两级制地方政权[9]。而边境，因属"蛮夷"之地，故设为"道"，实为县级政权建置。

四是历代地方志及地志、专志皆有载。《水经注·卷十四·湿余水》："湿余水故渎东径军都县故城南，又东，重源潜发，积而为潭，谓之湿余潭。"[10]其后《辽史·地理志四》《畿辅通志·第三部分》《京东考古录》均载：昌平县本汉军都县，"昌平，汉军都县以山名也"。《昌平山水记》："田豫为乌丸校尉，持节并护鲜卑屯昌平。至魏书云：军都县有昌平城，则已废，不为县矣。章怀太子注：从东道出军都袭幽州，即此山也。汉立军都县于之山之南。"《后汉书·耿弇传》载：东汉建武四年（28），胡骑经军都，耿舒袭破其匈奴，斩匈奴两王，攻占军都[11]470。《读史方舆纪要·卷十七》亦载：沮阳，后废，矾山城州南九十里，本汉军都县，唐置矾山县于此。由此可知，汉军都县，承袭秦制，故秦已置上谷郡，郡辖三十六县，其中应有"浑都"县。而秦初沿袭战国燕制，其时亦置浑都（县）。军乃"浑"之音转，实为"浑都"县。

五是出土文物亦证实，战国时燕国已置浑都（县）。今北京市境内出土陶文"容城都□左""余无都瑞"，兵器铭文"泉州都□"等，皆印证战国时燕国地方行政单位，郡以下称"都"。2019年5月13日《新京报》报道：北京市延庆区军都山下有"山戎文化陈列馆"。考古学家在当地陆续发掘600余座墓葬。出土陶、金、青铜、竹、皮革等各类文物近7万件。出土文物特征说明：这是一种以游牧文化为主要特征小部落，距今约2500年。这与《春秋·穀梁传》载齐国"越千里之险，北伐山戎，为燕辟地"相合。《史记·齐太公世家第二》亦载，公元前663年即"二十三年，山戎伐燕，燕告急于齐。齐桓公救燕，遂伐山戎，至孤竹而还。"[3]1250春秋战国之交，一部分山戎逃离本土，向今辽东一带迁徙，另一部分臣服于燕，族居此地，创造另一种受中原文化影响又区别其他的游牧文化。其后，燕置上谷郡，这一部分土著极可能属上谷郡浑都（县），自称桓都部落。

六是浑都得名与桓都部落有关，其先祖当为乌桓部落。[集解]《汉书音义》曰："乌丸，或云鲜卑。"[索隐]服虔云："东胡，乌丸之先，后为鲜卑。在匈奴东，故曰东胡。"《后汉书》载：汉初，匈奴冒顿灭其国，余类保乌桓山，以为号，俗随水草，居无常处[11]2015。乌丸部落，或为乌桓部落之后裔。汉初被匈奴灭国后，败走今内蒙古自治区阿鲁科尔沁旗北，即大兴安岭山脉南端乌桓山，沿袭燕北"乌桓"部落之名。有关史料载：汉武帝元狩四年（前119），汉将卫青、霍去病击败匈奴后，乌桓部落依附于汉，被迁徙于上谷、渔阳、右北平、辽西、辽东五郡塞外，置护乌桓校尉领之。后时叛时服，渐盛时卷入中原割据战争。建安十二年（207），曹操败乌桓部落首领于柳城（今辽宁葫芦岛市西北），降众迁于内地，后渐与汉族等融合[4]168。由此推之，浑都之名实由乌桓部落先祖即山戎，或桓都部落命名，后为华夏文字书写，时代约在春秋初。

综上所述：昌平境域，春秋时，多为燕国北部山戎、乌桓部落所居。因族居在浑都山浑都水流域，故曰浑都部落。战国中末之交，约在公元前300年，燕将秦开驱逐东胡（山戎）即乌桓部落于辽东，于此置上谷郡，置县三十六个。浑都（县）为其一，以浑都山为名，或以浑都水为名。汉初，因燕王卢绾欲反，被周勃平定，并屠"浑都"城，置上谷郡，有十二县，便改"浑都"县为军都，为十二县之一。故浑都县改为军都县，约在西汉高祖十一年（前196）。

昌平。《汉书·外戚恩泽侯表第六》记载："昌平侯大以孝惠子侯。二月癸未封，七年，为吕王。"昌平之名，始见于国史。吕后四年（前184），封惠帝儿子刘大（太）为昌平侯，置昌平侯国，国都在今北京市昌平区东南。吕后七年（前181），刘大进封为吕王，侯国除。其时，昌平侯国地域复归属军都县。直至汉武帝元封元年（前110），在军都县内析置昌平县。汉武帝元封五年（前106），初置刺史部十三州[7]140，燕国始为幽州。《汉书·地理志第八下》载："上谷郡，秦置。莽曰朔调。属幽州。"其中有军都、昌平二县[7]1298。

由此可知，昌平侯国政区始于吕后四年（前184）。至汉武帝元封元年

（前110），于今昌平区内，始置昌平县、军都县。

昌平，何以为名？昌，古今文多指美好、正当，亦引申为兴盛。《尚书·洪范》载："人之有能有为，使羞其行，而邦其昌。"《庄子·在宥》云："今夫百昌皆生于土而返于土。"平：宁静、安舒。《周易·泰》载："无平不陂，无往不复。"《诗经·小雅·黍苗》："原隰既平，泉流既清。"《尔雅·释地》："大野曰平。"昌平，意为昌盛平安。

作为侯国地名，得名当与吕后荫庇吕氏诸亲有关。《史记·吕太后本纪第九》载："吕后为人刚毅，佐高祖定天下，所诛大臣多吕后力。"又云："太史公曰：孝惠皇帝、高后之时，黎民得离战国之苦，君臣俱欲休息乎无为，故惠帝垂拱，高后女主称制，政不出房户，天下晏然。刑罚罕用，罪人是希。民务稼穑，衣食滋殖。"[3]279-290 吕后为政期间，行"无为而治"黄老之策，内安社会，和亲匈奴，经济发展，民生改善。惠帝死后（前188），她立少帝又杀少帝，又立常山王刘义为帝，临朝称制16年；分封诸吕为王、侯，控制南北二军，临死又遗诏吕产为相国。她死后，诸吕欲为乱，为周勃、陈平平定，复为汉室正统，以汉高祖第四子代王刘恒为帝（前180—前157）。吕后为政之初，为安刘氏政权，乃封惠帝刘盈之子刘太为昌平侯，以昌盛平安而得名，颇合吕后"无为而治"的执政理念。设县乃沿袭其名。昌平侯国以军都县为食邑，3年后除，仍存军都县。

汉武帝元封元年（前110），析军都县为昌平县，以侯国名名之。其时原昌平侯国地域，分置昌平、军都二县。

昌平县治，首治今居庸关（时为居庸县治）南部。据学者考证，昌平故城位于今昌平区东南百善乡上、下东廓村附近，汉代所建，有遗迹可考。又云位于旧县村，即今昌平白浮图城。旧县村距今治约4千米（今昌平区城南街道办事处旧县村）。

军都县，首治今昌平区西南8.5千米的土城村。魏晋属燕国。北魏属燕郡，时昌平县并入军都县，军都县迁今昌平县东南20千米之昌平故城。东魏天平元年（534），置东燕州。昌平郡、昌平县共治于军都城（今昌平区东南20千米），遂徙军都县治于东北20千米，即今东北上苑乡东、西新城村北；亦为北魏军都县治所，有古城墙夯土[12]。《民国顺义县志》亦云：后沙峪乡古城村，后人考证为汉安乐县旧址，北魏时期为军都县治。昌平县治与军都县治位于湿余水（今温榆河）之北，隔其支流昌平河（东沙河），相距约 20 千米而各治。

有学者考证：旧县村是军都新城，辛店村是《水经注》所说的军都城。东魏天平时期，在昌平区辛店的军都城，侨置了东燕州昌平郡及昌平县，原军都县治迁入辛店西北 10 千米的旧县村为军都新城[13]。军都山南有汉军都县，县有军都关。而汉昌平县东汉以降在军都县界之南。《魏土地记》载："蓟城东北一百四十里有昌平城。"《括地志》载，昌平县故城在今昌平县东南六十里。《太平寰宇记》载：昌平县在幽州西北九十五里东汉军都县。故东汉以降昌平县，应在军都县东南[14]。

"长昌"中"长"古今文多指久、深远。《老子·二章》："故有无相生，难易相成，长短相形，高下相倾。"《左传·宣公十二年》："实其言，必长晋国。"今文多释义为从一端到另一端的距离。昌：美好；长昌：长久昌旺，为寓意地名。

长昌得名，与王莽乱改区划地名相关。公元 8 年王莽立新朝，国号"新"。《汉书·王莽传》载：王莽改制，首从更改郡县地名始，"岁复变更，一郡至五易名，而复还其故"。有学者统计：全国乱改郡县地名达 577 处[15]，导致"吏民不能记"，加上政治腐败，官吏上下贪腐，民生凋敝。公元 23 年绿林、赤眉义举，王莽终为乱兵所杀，"新朝"立 16 年而亡。东汉初又复西汉制，政区地名命名由虚变实。这有助于东汉前期社会稳定及经济社会发展。

王莽新朝改昌平为长昌县，上谷郡改为朔调郡，实属乱改地名之实例。其时长昌、军都二县属之。东汉建武二年（26）春，彭宠叛汉，耿况父子平叛于军都城。东汉建武十三年（37），长昌、军都二县改属广阳郡。永元八年（96），复称昌平县，仍属广阳郡。

三国时，昌平、军都二县属幽州。北朝北魏时省昌平入军都[1]2。《昌平县志·大事记》："北朝北魏皇始元年（396）八月，魏王拓跋率军伐燕，将军封真等东出军都袭幽州，围蓟城。"北魏孝昌二年（526）五月，燕州治所（治今昌平区城区）刺史崔秉为起义军所困，弃城而逃。于是省昌平入军都。东魏立（534），又省军都入昌平，属幽州燕国。东魏武定八年（550）五月，高洋代魏称帝，封元善见为中山王，次年十二月杀之，东魏亡。五代后唐长兴三年（932）八月，昌平改称燕平[16]1394，治所迁入曹村（今昌平朝凤庵村）。后晋天福元年（936），又复昌平县名，迁治白浮图城。

燕平。燕，古今文多指：燕子。今文：鸟纲燕科各种类的通称；亦指周代古国名。因燕山产燕置侯国为名。《史记·燕召公世家》："周武王之灭纣，封召公于北燕。"[3]1293燕国，本作匽、郾，姬姓，周公奭之后，世称北燕。其地辖有今河北省北部、辽宁省西端，建都于京（今北京房山区董家林村）。战国时为七雄之一，后灭于秦。燕（国）实为今北京市代称。平，古今文指：宁静、安舒；后引申为平坦。《周易·泰》："无平不陂，无往不复。"《诗经·小雅·黍苗》："原隰既平，泉流既清。"今皆为此义[2]171。

燕平得名，与五代后唐明宗李嗣源平定契丹侵扰有关。《旧五代史·卷三十九》载：李克用死后，李嗣源作为河东主将，历任代州、相州刺史，昭德军、天平军节度使。作为藩汉内外兵马军总管（首将），又协助后唐庆宗李存勖，浴血转战10余年，终败契丹，并使其臣服于后唐政权。长兴元年（930）夏四月戊午，明宗下诏称："破契丹而燕、赵无虞，控灵武而瓜、沙并复。"可见五代后唐王朝，对多次侵扰其地的契丹王朝数次打击，幽州一带始得安定。长兴元年十二月庚申"契丹阿保机男东丹王突欲越海来归"。长兴三年（932）"三月甲申，契丹遣使朝贡"。这表明契丹王朝已臣服于五代后唐政权。

后唐明宗时期（926—933），因起用赵德钧，致使契丹入侵累败，最终臣服于后唐[16]412-413；又"新开东南运河"以利漕运，并打通幽州城东南两侧潞县和良乡地区之粮道，以利幽州城巩固。在明宗统治时期，幽州境内一统，"政皆中道，时亦小康"，便改昌平县为燕平县。有学者认为：

昌平改为燕平县，是避李国昌之讳。理由难立。因此之故，"昌平"县名，是祈愿地名；而"燕平"县名，则是依据史实更改。这给后世县以上政区的命名、更命以深刻的启示，足为后世范。

后晋时复昌平县。辽属析津府，宋属燕山府，金属大兴府。明正德间升县为州，辖密云、顺义、怀柔三县。清雍正年间，辖县改属顺天府。民国二年（1913），撤州为县。新中国成立后设昌平县，后归属数变。1956年1月，由河北省划归北京市，撤县设区。1960年1月，撤区复县。1999年9月16日撤县设区，属北京市，迄今未变。昌平境域自先秦置县后，县名数改数析，县治累迁，县域频更，两汉后多不改昌平之名[1]1-50。可见，昌平地名影响深远，至今不易！

参考文献：

[1]昌平县志［M］. 北京：北京出版社，2007.

[2]汉语大字典（缩印本）［M］. 武汉：湖北辞书出版社，1997.

[3]司马迁. 史记［M］. 北京：中华书局，1999.

[4]民族词典［M］. 上海：上海辞书出版社，1984.

[5]周书灿，毛长立. 共工氏流徙的考古学考察［J］. 文物春秋，2008（2）.

[6]彭雪开，王殿彬. 北京地名源流考［J］. 湖南工业大学学报（社会科学版），2019，24（2）：109.

[7]班固. 汉书［M］. 北京：中华书局，1999.

[8]陈戍国. 春秋左传校注（下）［M］. 长沙：岳麓书社，2006：1232.

[9]顾德融，朱顺龙. 春秋史［M］. 上海：上海人民出版社，2008：278.

[10]陈桥驿. 水经注校注［M］. 北京：中华书局，2011：335.

[11]范晔. 后汉书［M］. 北京：中华书局，1999.

[12]许辉. 北京山区各区县历史文化资源系列调研报告之四：昌平［M］//北京历史文化研究编纂委员会. 整合北京山区历史文化资源研究. 北京：北京燕山出版社，2007：204-216.

[13]北京历史上的军都县与昌平县溯源初探［EB/OL］.（2017-06-04）. http://blog. sina. com. cn/s/blog_48699efd0102x1lk. html.

［14］谭其骧. 中国历史地图册：秦·西汉·东汉时期［M］. 北京：中国地图出版社，2011：61 - 62.

［15］华林甫. 中国地名学源流［M］. 长沙：湖南人民出版社，2002：35 - 36.

［16］薛居正. 旧五代史［M］. 北京：中华书局，1999.

大　兴

大兴地域，上古属幽都（幽陵），西周属蓟国地，后属燕国地。蓟城先后为蓟都、燕都。燕国首置蓟县，治今北京市城区广安门一带。

秦王政二十一年（前226），秦克燕都蓟城，越两年（前224）置蓟县，属广阳郡[1]12。汉初在蓟县境内置阴乡县。唐又析置蓟北县，治幽都府。辽改称析津县，县治为析津府治。金贞元二年（1154），又改称大兴县，县治原府治。自此后，县名不改，县治一迁[1]3。皆有历史文化渊源可考。

蓟县。蓟，古文中多释为术、菊。今多释为：多年生草本，全株有硬刺，密被白色软毛，头状花序顶生。全株可入药，有凉血、止血功效。蓟，从草从术，从鱼从刀。术，古通秫。"三月而种稉，四月而种秫。"皆谓之稻[2]。从鱼从刀，可训为渔猎之义。据《山海经·大荒东经》及《战国策·燕一》记载推知：今北京市与河北省西北部，最早族居于此立国者，当为黄帝之子禺京之后裔——京族。因京族主营稻作兼渔猎，筑有京邑。商末因族居于蓟丘之上，故名蓟族；立蓟丘上筑城邑，曰蓟丘邑（蓟邑）。约在商代中晚之交，蓟族（京族）为商朝北方之方国。周武王伐纣灭商，因蓟族方国助周灭商，《史记·周本纪》载：武王追思先圣王，乃封"帝尧之后于蓟"[3]。《礼记·乐记》同载："武王克殷，反商，未及下车，而封黄帝之后于蓟。"两说实为一事，因帝尧乃黄帝玄孙。

周武王伐纣于牧野（前1046），商纣王自焚而死，杨宽《西周史·西周大事年表》，也录为此年[4]。由此推知周武王封蓟，当在这一年。周初蓟国之封，古文献有载，更有地下出土文物证实，当为史实。今北京市广安门一带，发现战国及战国前遗址，有燕国常用物件，古陶件最早接近于西周时期[5]。周初分封因势而异，非武王一人所为。《左传·昭公二十八年》记载："昔武王克商，光有天下，其兄弟之国者十有五人，姬姓之国者四十人，皆举亲也。"[6]"光有天下"当在周武王、周康王之际，而大多数封国，在周公东征取胜之后。而周武王封燕，当晚于封蓟约 10 年。由此可见，一些学者称蓟县之蓟城为燕国所置，值得商榷。因此，蓟县（或蓟邑）当为殷商北方方国蓟国所置，而非春秋战国时燕国所置。

周成王封召公奭于北燕，立都城于今北京市房山区琉璃河岸董家林西周古城遗址处，约 360 年。约在燕桓侯（前 697—前 691）时，迁都临易（今河北容城县有易城遗址）。燕庄公二十八年（前 663），燕灭蓟，迁都原蓟城（今北京市广安门一带）扩而驻之，曰上都蓟（今北京市广安门护城河一带），于这一年灭蓟国占蓟城为燕都。实际上是在蓟都基础上扩建为燕都蓟城。约在燕文公三年（前 552）齐国联合山戎等部共击燕师。在前 554—前 544 年，燕文公被迫迁都于今易县燕下都，后 300 年不易；又以上都蓟城为副都。因此，北京建城史有 3100 余年，建都史 850 余年。这不包括殷商所封京人（蓟人）方国邑；若包括尧舜禹时的共工城，北京城邑建都史为 3500～4000 年[7]。

秦灭燕，置蓟县，治今北京城西南，亦为广阳郡治。西汉初改为燕国，后复为广阳郡又改为广阳国，仍治蓟县。又分置良乡县，属涿郡；置昌平县，属上谷郡；置路县，属渔阳郡。

阴乡。汉初，又分蓟县地置阴乡县，县治今大兴区黄村镇芦城遗址处。可视为今大兴区建县之始。《汉书·地理志》载：高帝燕国，昭帝元凤元年为广阳郡。宣帝本始元年更为国，莽曰广有。辖县四，其中有蓟、广城、广阳、阴乡。莽曰阴顺[8]。

阴乡何以为名？阴，古今文多指："山北水南"为阴，与"阳"相对。《战国策·魏策一》："夫夏桀之国，左天门之阴，而右天谿之阳。"陆机《赠冯文罴》诗："发轸清洛汭，驱马大河阴。"皆释为此义。

乡，古今文多释为：县以下行政单位。《周礼·地官·大司徒》："五州为乡，使之相宾。"《汉书·百官公卿表上》："大率十里一亭，亭有长；十亭一乡，乡有三老、有秩、啬夫、游徼……皆秦制也。"朱骏声《说文通训定声》："按许前说是汉制，汉凡六千六百二十二乡，置三老、游徼、啬夫治之。其小者但置啬夫也。"由此观之，自春秋诸侯置郡县后，乡皆为县以下行政单位无疑。

县域县治何处？清嘉庆《大清一统志·顺天府·古迹》载："阴乡废县，在宛平县西南，汉置，属广阳国，后汉省。"《寰宇记》载："在今蓟县南界，良乡东界，固安北界，三县交入之地。"县治，据《方舆纪要》载："在府西南二十五里。……其遗址俗谓之笼火城。唐武德三年，窦建德遣将高士兴击罗艺于幽州，不克，退军笼火城是也。"清光绪《顺天府志·地理志九·屯镇一》也载：顺天府（今北京市城区）"西南二十五里，为汉阴乡县遗址"。并将"笼火城"简为"龙火城"。今考有西汉早期芦城遗址[9]64。当为西汉阴乡县治。

在西汉早期该城构筑之前，这儿极可能为阴乡乡治。秦置蓟县，辖有阴乡，置县后，故以"阴乡"名县。《后汉书》至《隋书》等正史地理志中，不见阴乡县之载。可见《大清一统志》中阴乡县自"后汉省"，是有依据的。

后汉省阴乡县，当由西汉末东汉初年间数十年战争所致[9]64,67。这在《汉书》《后汉书》中皆有明载。西汉元始五年（5），汉平帝死，王莽立年仅两岁的孺子婴为帝，自称"假皇帝"（代理皇帝）。初始元年（8），又废孺子婴自立为帝，改国号为新，史称新朝。王莽篡汉后，屡行不切国情实际的改革，给经济社会造成混乱，又乱改行政区划地名，并多次发动对外战争。因其法令苛细、强役繁重、吏治腐败、改革相继失败，导致阶级矛盾激化。天凤四年（17），绿林、赤眉起义，王莽被乱兵所杀。新地皇四年（23），新莽政权覆亡[10]110。王莽曾改蓟县为伐戎县，隶广阳郡。王莽新朝覆灭后，东汉初废阴乡县，又复蓟县名。

东汉初废广阳国入上谷郡。永元八年（96）复置广阳郡，仍治蓟县，昌平县属之。三国时为燕国。十六国后赵改为燕郡，治原址。自东汉以后至北周，蓟县又为幽州治。隋开皇初废郡存幽州，大业初改幽州为涿郡，治蓟县。"两汉魏晋南北朝直至隋唐五代，蓟县一直相沿不废；蓟城先后为魏晋之幽州燕国，北朝之幽州燕都，隋之涿郡、唐之幽州范阳郡等州郡治所，逐步发展成为华北平原北端的一处重要地方行政中心。"[1]3

蓟北。共和国《大兴县志·概述》载："唐建中二年（781），析蓟县西置幽都县，与蓟县分理蓟城。辽升蓟城为陪都，号称南京，蓟县改名蓟北县，后又改名析津县。"蓟，实指蓟都（今北京市）。北，方位词，与"南"相对。蓟北，在唐时指幽、蓟二州交界一带（今河北北部）。其时幽州指今北京市，蓟州指今天津市蓟州区一带。

蓟北县设置，当与唐代"安史之乱"有关。

据有关史籍载：唐玄宗统治前期，为加强防御，在边境若干重地设置节度使，初掌军事，后兼行政与财权，权力极大。唐玄宗后期，朝政日腐，中央集权力量削弱，藩镇割据势力兴起。玄宗天宝十四载（755）冬，安禄山（703—757）身兼平卢、范阳、河东三镇节度使，权势大涨，便以诛杨国忠为名，号称统兵15万，从范阳（今北京市城区）起兵叛乱；次年称帝，攻入长安。玄宗逃往四川，肃宗在灵武即位。叛军所过之地，无恶不作，人民奋起反抗。肃宗至德二载（757），安禄山被其子庆绪杀死。两年后，庆绪又被安禄山部将史思明所杀。史思明回范阳后自称燕帝，后又为其子史朝义所杀。代宗广德元年（763），朝义自杀，叛乱始平。"安史之乱"实为唐王朝由兴转衰的转折点。[10]543

唐建中二年（781），析蓟县西置幽都县，蓟县改名蓟北县，后又改名析津县。因其时唐已置蓟州（今天津市蓟州区），为巩固北方重镇幽州，防止地方割据势力"安史之乱"悲剧重演，故将蓟县改称为蓟北县。蓟北之名，见于杜甫诗《闻官军收河南河北》："剑外忽传收蓟北，初闻涕泪满衣裳。""蓟北"之名当为唐代地域地名，泛指今北京市、山西太原一带，亦为安禄山叛乱之大本营，故有"蓟北"地域地名之称。属移借地名。

析津。辽开泰元年（1012），蓟北县改为析津县，属析津府，为辽南京附郭县。

析津，何以得名？析，古文中含"劈、刻"之义，后引申为分辨、分析。《说文·木部》曰："析，破木也。"津，古今文中多指渡口。析津地名据《辽史·地理志四·南京道》："析津县，本晋蓟县，改蓟北县，开泰元年更今名。以燕分野旅寅为析木之津，故名。"[11]因古人以墨岁辨分野，认为燕地分野在寅，属十二次之析木，为析木之津，故简称"析津"。

析津府、县设置，当与契丹民族受游牧传统文化影响，以及与地域优势有关。

公元916年，辽朝在北京建都。同时，另建上京临潢府（今内蒙古巴林左旗）、东京辽阳府（今辽宁辽阳市）、中京大定府（今内蒙古宁城县）、西京大同府（今山西大同市）、南京析津府（今北京中心城区）。辽国选择5个军事要地建京都，并驻重兵防守，辽皇每年巡回于五京，以防军事割据；而以北京为最大，视为辽国经济文化中心。《契丹国志》载："南京本幽州地，自晋割弃，建为南京，又为燕京析津府，户口三十万。大内壮丽，城北有市，陆海百货，聚于其中；僧居佛寺，寇于北方。……水甘土厚，人多技艺，秀者学读书，次则习骑射，耐劳苦。石晋未割弃已前，其中番汉杂斗，胜负不相当，既筑城后，远望数十里间，宛然如带，回环缭绕，形势雄杰，真用武之国也。"[12]208于是"辽以幽州为南京，大都为上京，渤海大余城为东京"[12]321。

宋宣和五年至七年（1123—1125），析津县归宋，隶属燕山府。金朝贞元二年（1154），将永安府改为大兴府，析津县改为大兴县，属大兴府，为金中都附郭县（依郭县）。大兴之名，源出于此。

大兴，何以名之？大，古今文中多指占住的空间较大、面积较广、容积较多。《论语·子路》："见小利则大事不成。"《荀子·天论》："大天而思之，孰与物畜而制之？"[13]《广韵·泰韵》："大，小大也。"兴，古今文中多指：兴起，创立、发动。《逸周书·武称》："百姓咸服，偃兵兴德。"《诗经·秦风·无衣》："王于兴师，修我戈矛。"《说文·舁部》："兴，起也。"后多引申为"兴旺""昌盛"之义[14]。大兴，取"兴国、兴旺发达"之义为名[15]136。

大兴，历有称名。北魏神䴥四年（431），置大兴县，治今陕西定边县，属大兴郡（郡治大兴县治）；隋改为五原县。隋开皇元年（581），置大兴苑，为唐名禁苑，在今陕西省西安市北；又置大兴城，为隋开皇二年至三年筑，三年即为隋都；故址在今陕西西安市区一带。唐称长安城，即此。金改析津府为大兴府，改析津县为大兴县[15]136。由此推知，大兴府及大兴县名，当为移借北魏"大兴"历史地名。

大兴府、县设置，应与金朝第四代皇帝——完颜亮治政有关。金朝跟渤海国一样，皆为东北地方政权。渤海国（698—926）原本叫"震（振）国"，以威震四方得名。唐开元间，受唐朝敕封，改国号为渤海，其国王大钦茂以唐为模式，置五京[16]3-4。即上京龙泉府（今黑龙江宁安市渤海镇）、中京显德府（今吉林和龙市西古城）、东京龙原府（今吉林珲春市八连城）、西京鸭绿府（今吉林临江市）、南京南海府（今朝鲜咸镜南道北青郡）。早期都城立于今黑龙江省哈尔滨附近，受唐敕封后，迁驻今吉林省敦化市。后都城数迁。926年为辽国所灭，传国15世，历229年。大祚荣（？—719）为渤海国最著名的第一代君主，尊称"大氏"，遂以"大兴"为年号达57年。"大兴"地名源于此。辽国建国后，亦置五京[16]36-37。虽驻地不同，但显然是受金国置"五京"的影响。

《金史·本纪第五·海陵》载：海陵"为人僄急，多猜忌，残忍任数。""欲为君则弑其君，欲伐国则弑其母，欲夺人之妻则使之杀其夫。三纲绝矣，何暇他论。"贞元三月辛亥，"改元贞元，改燕京为中都，府曰大兴，汴京为南京，中京为北京"[17]。金贞元元年（1153），海陵王建都于今北京市大兴区，"府曰大兴"，县亦曰"大兴"，以"兴旺发达"命名，为祈愿地名。然而，海陵王多行不义，终为部下所杀。但"大兴"地名遂存。

元初，大兴县属中都路。至元四年（1267），县治迁中都路东北城（今北京市东城区大兴胡同内，今有大兴胡同遗址）；至元二十一年（1284），为大都路治。明初为北平府治。明永乐元年（1403），为顺天府治。清因之。民国及中华人民共和国因袭原名，县治数迁。1954年始迁治境内黄村镇。区划数调，区域略变。终属北京市大兴区。

境内地处平原，气候半温半湿。交通便捷。富有农产、盛产西瓜，工业旺兴。名胜多受游人逗爱，为北京重要卫星城区之一[15]136。

参考文献：

[1] 大兴县志 [M]. 北京：北京出版社，2002.

[2] 杨荫深. 细说万物由来 [M]. 北京：九州出版社，2005：420.

[3] 司马迁. 史记 [M]. 北京：中华书局，1999：1075.

[4] 杨宽. 西周史 [M]. 北京：中华书局，2008：871.

[5] 赵正之. 北京广安门外发现战国和战国前的遗址 [J]. 文物考古资料，1957（7）.

[6] 陈戌国. 春秋左传校注 [M]. 长沙：岳麓书社，2006：979.

[7] 彭雪开，王殿彬. 北京地名源流考 [J]. 湖南工业大学学报（社会科学版），2019，24（2）：111.

[8] 班固. 汉书 [M]. 北京：中华书局，1999：1305－1306.

[9] 朱志刚. 大兴芦城遗址调查记 [J]. 北京文物与考古. 2002：（00）.

[10] 郑成和，李述笑. 史地知识精华 [M]. 延吉：延边人民出版社，1989.

[11] 脱脱. 辽史 [M]. 北京：中华书局，1999：336.

[12] 叶隆云. 契丹国志：第二十二卷：州县载记 [M]. 清嘉庆二年扫叶山房刻本，1797.

[13] 古代汉语词典 [M]. 北京：商务印书馆，2005：272.

[14] 汉语大字典（缩印本）[M]. 武汉：湖北辞书出版社，1997：107.

[15] 中国古今地名大词典 [M]. 上海：上海辞书出版社，2005.

[16] 谭其骧. 中国历史地图集：宋·辽·金时期 [M]. 北京：中国地图出版社，1999.

[17] 脱脱. 金史 [M]. 北京：中华书局，1999：59－65.

密　云

密云区，历史悠久，距今约 10 万年前，就有人类活动遗迹。6000 年前，据燕落寨雪山文化遗址出土文物证实，已有人类聚居。夏朝时，境内已进入奴隶社会，殷商时为商汤领地[1]40-44。

密云作为政区地名，历有渔阳、犷平、奚县、通潞、得渔、干犷、敦德、安州、密云、广阳、燕乐、安市、玄州、檀州、行唐、横山、威塞、乙化之称名，皆有历史文化渊源。今择其渔阳、密云、燕乐、檀州区划地名，作重点考释。

渔阳。《史记·匈奴传》载："燕亦筑长城，自造阳至襄平。置上谷、渔阳、右北平、辽西、辽东郡以拒胡。"[2]2209—2210 自此"渔阳"作为郡级地名，始载国史。《后汉书·卷十二》载：建武三年"是时帝方北忧渔阳，南事梁、楚，故步得专集齐地，据郡十二"[3]。足见自战国至东汉时期，渔阳为战略要地。

渔阳，何以为名？渔，古今文中多指捕鱼。《周易·系辞下》："作结绳而为罔罟，以佃以渔。"《楚辞·渔父》："渔父莞尔而笑，鼓枻而去。"《说文·鱼部》："渔，捕鱼也。"阳，古人多以"山南水北"为阳。《史记·陈涉世家》谓渔阳郡，［正义］引《括地志》"在渔水之阳"故名。《辞海》："渔阳，郡名，以在渔水之阳而得名，治所在今密云县城西南，秦汉时辖境相当于今河北围场以南，蓟运河以西，天津以北，北京市怀柔、通县以东地区。陈胜、吴广戍渔阳即此。"

渔阳作为自然地名，得名于何时史无载考，然而得名在北燕春秋前，当有可能。

其一，密云（古渔阳）燕落寨雪山文化遗址出土文物表明：距今 6000 年左右新石器时代晚期，今密云一带有人类聚居。尧、舜、禹时期，有聚落邑，距今 4000～3500 年。于燕乐寨发现夏家古村落遗址，虽以北方草原青铜文化为主，但也不排除共工氏聚居这一带。从汉墓室出土文物判识，燕乐县治极可能是在共工古城址上扩建而成。密云文化委员会 2012 年发布：十里铺镇燕落寨等村，现有东周燕落寨古村落遗址 2 处；境内有汉墓文化遗址 12 处。乐，古通落。燕乐即为燕落。燕乐寨当为今密云区上古时期最早聚落邑。这就证实自东周之后，境内散布村落，当为北燕势力范围。北魏太平真君元年（440），燕乐县治始建于燕乐村。今有古城遗址，占地约 2.4 万平方米。1980 年发现数处汉代砖室墓，出土汉代绳纹瓦及灰陶罐等文物。该古城遗址，极有可能是在尧舜时共工古城遗址上扩建而成[4]。约在先秦前，共工氏后裔及殷商方国部落后裔与北戎东夷诸部落，混合居住在今密云一带，春秋之后有不少村落散列于境。

其二，北燕始盛后，设渔阳郡，以渔阳都（县）为名。《世本》记载燕桓侯（前 697—691）曰："桓侯徙临易。"今河北容城县有易城遗址及出土文物可证。《括地志》亦有考证。燕庄公二十三年（前 668）山戎伐燕，燕求救于齐，齐伐山戎救燕，"至于孤竹而还"[2]1250灭孤竹、令支两国，占其地而成北方族侯之长；燕国都驻原蓟城附近的上都蓟（今北京广安门护城河一带），迁都前灭蓟国为燕境，占蓟都扩建为燕都蓟城（称燕蓟），并驻此 150 余年。其间北燕开始向冀北、辽西一带扩张，渐强于北方一些诸侯国。其时，今密云区域，当为北燕所辖。设为渔阳都（县）邑，抑或为驻军邑。以上有待先秦古文献及出土文物证实。在燕昭王（前 311—前 279）时期，"燕有贤将秦开，为质于胡，胡甚信之。归而袭破走东胡，东胡却千余里"[2]2309。燕于今密云境内置渔阳等五郡，以拒胡。《密云史话》亦载：燕昭王二十九年（前 283），燕大将秦开击退东胡，收复今密云境域，并在此地设郡，同时又置渔阳县。这应是在北燕设置的渔阳都（县）基础上置郡，治渔阳县邑（今密云县统军庄村南城子）。秦初袭燕制，于此设渔阳郡，郡治今密云区西南 30 里；郡辖渔阳县，当以北燕渔阳县得名，为移借地名。

其三，渔阳得名与共工氏后裔相关。《国语·鲁语上》："共工氏之伯九有也，其子曰后土，能平九土，故祀以为社。"[5]共工氏所处时代为颛顼、帝喾、尧、舜、禹时代。传为炎帝祝融部落支族。据《管子·揆度篇》《左传·昭公十七年》《淮南子·修务训》载：共工氏部落善治水、筑城、平土种植谷物。共工氏原驻今河南辉县市一带，后被迫迁于今北京密云区一带。《孟子·万章上》明载："流共工于幽州。"《荀子·成相篇》亦载："禹有功，抑下鸿，辟除民害逐共工。"《山海经·大荒西经》："西北海之外，大荒之隅……有禹攻共工国山。"[6]《括地志》："燕乐县。故龚（共）城，在檀州燕乐县界，故老传云：舜流共工幽州居此城。"这表明唐初共工城仍存。清光绪《顺天府志·地理志十》载：共工流放地，在密云县东北五十里"安乐庄"（燕乐庄、燕乐村）。共和国《密云县志·概述》载："约新石器时代后期，传说舜流共工于幽陵，共工所居之处'共工城'，即位于现密云县燕乐村南，幽陵自然成了密云县最古老的名字。"[1]1由此推断，渔阳自然地名极可能是源于中原腹地共工氏北迁幽陵（州）后裔，族居于今密云燕乐村南河流之阳，河流多鱼常为共工氏族捕之，故曰"渔阳"。后北燕置都（县）设郡，皆以渔阳名之。

密云。密，在甲骨文中，字形从宀从上，释为宓，字义为安宁。后字形演而为密[7]。古文多指状如堂屋的山。《尸子·绰子》曰："尸子，松柏之鼠，不知堂密之有美枞。"后引申为幽深之义。《周易·系辞上》："退藏于密。"[8]395韩康伯注："言其道深微，万物日用而不能知其原，故曰退藏于密。"云，古今文本义指：云气。《孟子·梁惠王上》："天油然作云，沛然下雨。"《战国策·秦策》："楚燕之兵云翔不敢校。""云"古通"雲"，宋代以"云"代"雲"。密云，即山高常有云雾而得名。

《魏书·地形志二上第五》载：幽州渔阳郡"渔阳郡秦始皇置。真君七年并北平郡属焉。领县六。""渔阳，二汉属，晋罢，后复。有渔阳城……"[9]1672密云境内自战国置郡、县后，郡、县皆以渔阳称名，其政区频更改，归属随政区更替而更属。北魏皇始二年（397），置密云县、密云郡，县治今河北丰宁县大阁镇南关村，郡治亦驻此。因县城南15千米处有高山，常年云雾缭绕，故名密云山，县以山名。

东魏元象元年（538），杜洛周起义军相继攻陷位于今河北隆化县一带的安州、密云等县后，安州及所属之密云郡、安乐郡、广阳郡及所属8县，即密云、要阳、白檀、安市、土垠、燕乐、方城、广兴（大兴），寄治幽州北界渔阳县境内，即乔迁今密云县境。当与其时动乱政局相关。

有关史料载：西魏文帝元宝炬（507—551）为西魏开国君主，北魏孝文帝之孙。535年，由宇文泰拥立为帝，改元大统，定都长安，史称西魏。在位17年而崩。永熙三年（534），孝武帝与权臣高欢决裂，以宝炬为中军四面大都督，高欢领兵从晋阳南下，孝武帝率众投关中宇文泰。高欢遂立清河王元亶之子元善见为帝，从洛阳迁都邺城，史称东魏。北魏从此分裂成东、西魏。《魏书·卷十二·孝静纪第十二》载：元象秋七月乙亥（538年秋七月），"行台侯景、司徒公高敖曹围宝炬将独孤如愿于金墉，宝炬、宇文黑獭并来赴救。大都督库狄干率诸将前驱，齐献武王总众继进。八月辛卯，战于河阴，大破之。斩其大都督、仪同三司寇洛生等二十余人，俘获数万"[9]202-203。

这一年因侯景等攻宝炬，导致政区解体，百姓流离无所居。于是安州（今河北隆化县境）于东魏天平（534—537）中陷，元象（538—539）中内迁，寄治幽州北界燕乐县治，故城在今北京密云区燕乐村，领密云、广阳、安乐3郡。北齐时治所迁安市（今辽宁海城市），领安乐、广阳二郡。北周废。

北齐废渔阳县入密云，废广阳郡；将大兴、方城二县并入燕乐县，废密云郡；将要阳、白檀二县入密云县；又废土垠入安市。其时今密云境域，为安州安乐郡之密云、燕乐、安市三县分辖。北周改安州为玄州（元州），废安市入密云。今密云境域，为密云、燕乐二县所辖。隋唐之际，政区未变，归属略改；唐、辽为檀州治，直至五代后梁乾化三年（913），废燕乐县入密云县。

燕乐。燕字，出于甲骨文，其字形如燕状。以其玄色，古文训为赤黑、黑；亦可训为幽、阴。燕山，因古代多燕，故名。《诗·邶风·燕燕》《论语·述而》中皆有载。乐，在甲骨文中，罗振玉认为："从丝枡木上，琴瑟之象也。"引释为音乐。《周易·豫》:"先王以作乐崇德。"《战国策·齐策一》:"父母闻之,清宫除道,张乐设饮,郊迎三十里。"《说文·木部》:"乐,五声八音总名。"[8]538

北魏延和元年(432)置燕乐县,治今河北隆化县隆化镇,为广阳郡治。共和国《密云县志》记载:"隋开皇十六年(596)正月,于旧玄地置檀州,辖密云、燕落二县。"燕乐,即燕落。

北魏杜洛周义军起事,相继攻陷安州、密云等州县。东魏孝静帝天平元年(534),东魏弃安州,地域属库莫奚族辖。东魏元象元年(538),州、县治南迁,寄治于今密云县东北;而密云县治始迁今治[1]40。北周燕乐县治为玄州治;武周长寿二年(693),又徙治今密云区东北燕乐庄(燕乐村)。五代省[10]3256。

北魏置燕乐县,当与北魏太武帝拓跋焘治政有关。《魏书·帝纪·卷四·世祖纪上》载:世祖太武皇帝拓跋焘"八年十一月壬申,即皇帝位,大赦天下"。"于是除禁锢,释嫌怨,开仓库,赈穷乏,河南流民相率内属者甚众。"但自亲政以来,天下纷攘,内乱不已,外患频发。始光元年(424)秋八月,蠕蠕(鲜卑族一支)率六万骑入云中,杀掠吏民,攻陷盛乐宫。延和元年春正月己巳诏曰:"自始光至今,九年之间,戎车十举。群帅文武,荷戈被甲,栉风沐雨,蹈履锋刃,与朕均劳。"秋七月又"诏平东将军贺多罗攻文通、带方太守慕容玄于猴固,抚军大将军、永昌王健攻建德,骠骑大将军、乐平王丕攻冀阳,皆拔之,虏获生口,班赐将士各有差。九月乙卯,车驾西还。徙营丘、成周、辽东、乐浪、带方、玄菟六郡民三万家于幽州,开仓以赈之"[9]47-55。要开疆拓土,徙流民及人口于幽州,必置燕乐县安治之。而燕乐县之徙治及撤并,难以评述,不过大体是北魏与东魏分治之结果无疑。

北齐废渔阳县入密云县;废广阳郡,将大兴、方城二县并入燕乐县;废密云郡,将要阳、白檀二县并入密云县;又废土垠入安市。

檀州。檀,古今文多指一种落叶坚硬的乔木。《诗经·郑风·将仲子》:"将仲子兮,无逾我园,无折我树檀。"毛传:"檀,强韧之木。"孔颖达疏："檀木可以为车。"《后汉书·文苑传·杜笃》："梗楠檀柘，蔬果成实。"州，古文初作"水中陆地"，后加三点水旁为洲，以别州、县之州。多引申为地方行政区划为州，一般高于县级。

檀州得名，与佛教传入有关。北周改安州为玄州置，治燕乐县（今密云区东北）。隋初治无终县（今天津市蓟州区）；隋开皇十六年（596），改玄州为檀州。"檀州"，源于黍谷山上的白檀树。

隋开皇年间，境内佛教传入，时任太守信奉佛教，认为"玄""悬"谐音，不吉利，而附近黍谷山上有几棵古檀树（白檀），历有"圣檀"之称，且梵语中有布施之义，于是将"玄州"改称为"檀州"。明洪武元年（1368），檀州入密云县，隶属北平府。

隋唐之际，政区频调，归属累更，皆存密云、燕乐二县。直至五代后梁乾化三年（913），废燕乐县入密云县，属檀州。后唐因之，后晋密云属辽地。北宋属横山郡。金末入檀州。元复密云县，属大都路檀州地。明初复置，属顺天府，后属昌平州。清因之。后归属频更。民国至1958年10月，县名不易，县域频更，归属随政区变更而频调，属北京市辖[1]39-42。2015年11月13日，撤销密云县设密云区，终属北京市辖。

境内地形殊异，三面环山，中部低平，西南开口呈簸箕形。气候湿润，河流众多。交通方便。富有农产，多板栗、核桃特产。教育科技基础好。名胜古迹众多，主要有密云水库游览区，白龙潭、黑龙潭、古北口、司马台长城等，引游者乐而忘归。[10]2784

参考文献：

[1] 密云县志 [M]. 北京：北京出版社，1998.

[2] 司马迁. 史记 [M]. 北京：中华书局，1999.

[3] 范晔. 后汉书 [M]. 北京：中华书局，1999：332.

[4] 彭雪开，王殿彬. 北京地名源流考 [J]. 湖南工业大学学报（社会科学版），2019，24（2）：109.

[5] 岳麓书社. 国语·战国策 [M]. 长沙：岳麓书社，1988：39-40.

［6］叶舟. 山海经全书［M］. 呼和浩特：内蒙古人民出版社，2010：307.

［7］徐中舒. 甲骨文字典［M］. 成都：四川辞书出版社，2011：1027.

［8］汉语大字典（缩印本）［M］. 武汉：湖北辞书出版社，1997.

［9］魏收. 魏书［M］. 北京：中华书局，1999.

［10］中国古今地名大词典编纂委员会. 中国古今地名大词典［M］. 上海：上海辞书出版社，2010.

延 庆

延庆境域，考古发现，早在公元六七千年前，境内就有人类活动[1]2。有关史志载：传说时代，炎黄三战而后合，得志于境内阪泉。《史记·五帝本纪第一》有明载，而阪泉地望，历代《史记》注解，则云皆在"上谷""妫州""怀戎县"[2]3。此说多得学者认同。今亦指延庆境内张山营镇阪泉村。

然而，中国"阪泉之野"历有五说：一说在今山西运城市南盐池附近一带；二说在今河北涿鹿县东南；三说在今山西阳曲县东北；四说在今北京延庆区张山营；五说在今河南扶沟县。五说何者为准，至今仍存争议。

不过，山西运城说，从文献记载及文物考古诸因素考察，其地望多有可能为最初"阪泉之野"的地方[3]。同时也不排除炎、黄、蚩争战于其他如上谷"阪泉"。因为上古三大部落联盟之战，并非三战而取胜。因重战于"阪泉之野"，后多次再战于其他地方，故亦云之"阪泉之战"。上古传说时代的具体地望考，难以归一，实属正常。这有待于有价值的古文献及文物考古的进一步发现。

《周礼·夏官·职方》列"九州"之域，始有"幽州"之称。《尚书·禹贡》创"九州"（非行政区划），始有"冀州"之地域。今延庆境域当属之。殷商乃属依附殷商小方国之域。周武王灭殷商，乃封"帝尧之后于蓟"，"封召公于北燕"[2]1293。周代今延庆境域，当属蓟侯国势力范围。

春秋时，延庆一带山戎势力活动频繁，北京市历代地方志、地名志均有载。《史记·匈奴列传》："燕北有东胡、山戎。各分散居溪谷，自有君长，往往而聚者百有余戎，然莫能相一。"[2]2208《春秋左传·庄公三十年》《汉书·匈奴传上》皆有山戎活动于蓟、燕的记载。

燕庄公二十八年（前663），山戎伐燕。燕求助于齐，齐桓公亲自领军助燕灭孤竹、令支二国,山戎败走。北燕渐强,遂灭蓟国并驻蓟城为燕上都。战国时北燕为七雄之一。燕昭王时(前311—前279)得秦开为将,逐东胡千里之外,遂"置上谷、渔阳、右北平、辽西、辽东郡以抗胡"[2]2210。今延庆境域是否置都(县),有待考证,但属上谷郡无疑。秦统一六国,仍置渔阳郡、上谷郡。

西汉元朔元年(前128),始置居庸、夷舆二县于境内,属上谷郡。前者县治今延庆城稍东,后者县治延庆东北古城村。由此,皆可视为延庆建置之始。之后县名几变,名称有怀戎、妫州、缙山、龙庆、隆庆、延庆之称,皆有历史文化渊源可考。今择其要考释。

居庸。《汉书·地理志第八下》记载:"上谷郡,秦置。莽曰朔调……"有县十五,其中有"居庸""夷舆"二县,始入国史、地志[4]1298。

居庸,何以为名?居,指蹲,也指居住。《周易·系辞下》:"上古穴居而野处。"《尚书·盘庚上》:"盘庚迁于殷,民不适有居。"居庸之"居",当含此义[5]1298。庸,采用、任用。《尚书·大禹谟》:"无稽之言勿听,弗询之谋勿庸。"《礼记·内则》曰:"子妇未孝未敬,勿庸疾怨。"郑玄注:"庸之言用也。"《说文》:"庸,用也。"据地方史料及文献称:居庸为音转之词。

居庸,亦名居庸关。《吕氏春秋·有始贤》载:居庸关为"九寨"之一[6]。寨,古文中多指:防御用的营垒。由此可见,居庸关是战国时北燕设置的军事营垒,称之为居庸关。有学者考证:春秋时北燕置上谷郡,郡辖居庸都(县)[7]。《战国策·秦策五》云:"秦攻燕得上谷三十六县。"此数不确,估计为上谷等五郡三十六县。燕置上谷郡,辖十一县,当信之。秦因之,上谷郡辖居庸等十一县。

清《日下旧闻考》引《方舆纪要》文:"蠮螉是居庸的音转。"蠮螉,俗名土蜂,又名细腰蜂。《方言·第十一》云:"蜂,燕赵之间谓之蠓螉,其小者谓之蠮螉。"唐代段成式《酉阳杂俎·虫篇》记载:"蠮螉,成式书斋多此虫,盖好窠于书卷也,或在笔管中,祝声可听。"又云:"秦中儿童戏曰:'颠当颠当牢守门,蠮螉寇汝无处奔。'"[5]1212居庸,如以"蠮螉"音转，当是山戎习华夏语，谓细腰蜂为"蠮螉"。西汉时以汉语书写流传。春秋时北燕常与山戎战，于今居庸关设关。因此地地势状如细腰蜂，历为关险，便以山戎方言，谓之"居庸关"。得名可能在齐桓公救燕伐山戎之时。汉初置县，以此为名。

其时，今延庆境域为北燕与山戎多次争夺的战略要冲，常为山戎所居。出土文物有证[8]。延庆境域居军都山与海坨山之间的延怀盆地东部，南有居庸之险，北有大海坨屏障。历代北京地方志载：辽、金、元、明、清都曾驻重兵于此。明、清时还筑有数道边墙防御。两汉之后，历朝皆视为今北京门户。清代龚自珍《说居庸关》，认为"疑若可守然"之关险。

居庸县之设置，当与汉武帝治政相关。

刘邦立汉朝后大封异姓王，皆称雄于一方，对中央政权构成威胁。为固刘氏政权，汉高祖十年（前197），先借谋反等诸罪，剪除七个异姓王（长沙王吴芮除外）；又大封儿子、亲属为同姓王。至汉景帝时，终于导致吴王刘濞为首的"七国之乱"。朝廷平乱后，诸侯王势力仍然坐大。汉武帝采主父偃之谋，实行"推恩分子弟"之策，上削诸侯势力，下遂诸侯子弟之愿。有学者研究，武帝一朝，诸侯王有罪与无后而国除者合计十三国，近武帝世王国之半数[9]。武帝建元三年（前138），燕王刘定国淫乱好杀，武帝令其自杀，国除。

直接导致居庸县之置，与汉武帝抗击匈奴相关。这一时期，匈奴强大，多次犯边，对西汉政权构成威胁，并控制西域。汉武帝元光六年（前129）始受汉军攻击，元朔六年（前123）败后，退居漠北裂为五部。其中一部常驻居庸关长城以北一带，常袭关入内掠夺。汉元光六年，卫青拜为车骑将军，击匈奴，出上谷……至龙城，出雁门长驱而进斩匈奴数千；次年，匈奴大举入侵上谷、渔阳，破辽西杀太守，打败渔阳太守韩国安，劫掠百姓两千余人。卫青率大军进攻匈奴老巢河套（今宁夏黄河河套地区），大胜而归封为长平侯。公元前129年，骠骑将军霍去病率军与卫青共击匈奴西部势力，将乌拉人迁至上谷。同时，在上谷、渔阳、左北平、辽东等五郡塞外设乌拉校尉，持节监督。西汉元朔元年（前128），为加强边境防御，复置上谷郡，在今延庆境内设置居庸、夷舆县[1]9。"上谷太守郝贤四从大将军（卫青），捕首虏千三百级，封贤为终利侯。"[4]1886

夷舆。西汉初期上谷郡辖 15 县，其中有夷舆县，治今北京市延庆区旧县镇古城村半里。

夷，平、平坦。《诗经·小雅·节南山》《后汉书·马援传》皆释为此义。古代亦指少数民族为夷，如南蛮、北戎、西狄、东夷之类，实为春秋时中原民族对周边各民族的贬称。舆，车、车箱。《老子·第八十章》《周易·大畜》中皆同此义；亦引申为疆域。《史记·三王世家》："御史奏舆地图。"《文选·束皙（补亡诗）》："漫漫方舆，回回洪覆。"李善注引《淮南子》曰："以天为盖，以地为舆。"此处指地域。夷舆，意为安置少数民族山戎的地方。汉王朝为安抚治理移居此地山戎而设置的县，故名。

公元 9 年，王莽立新朝，改上谷郡为朔调郡，居庸、夷舆二县属之。不久，改朔调郡为朔调亭。公元 35 年又复原名。东汉建武十三年（37），夷舆县并入居庸县，后不复。

东魏武定元年（543），复置上谷郡和居庸县。北齐居庸县废入怀戎县。北魏孝昌中省[10]。唐贞观八年（634），改北燕州为妫州，今延庆境域时属妫州东境。

唐天宝元年（742），原清夷水改名妫水，故改妫州为妫川郡，从怀戎县析置妫川县（今延庆境），县以妫水名。

妫川。妫，水名。源出历山，在今山西省永济市南，西流入黄河。传为舜帝出生地。《尚书·尧典》："厘降二女于妫汭，嫔于虞。"亦指州名。《广韵·支韵》："（唐）武德初置北燕州，贞观改为妫州，因水为名。"另指姓，《说文·女部》曰："妫，虞舜居妫汭，因此为氏。"[5]449

川，水道、河流。《尚书·禹贡》："奠高山大川。"《周礼·地官·遂人》："万夫有川，川上有路，以达于畿。"后引申为川谷、平地。《敕勒歌》："敕勒川，阴山下，天似穹庐，笼盖四野。天苍苍，野茫茫，风吹草低见牛羊。"

妫川，意为妫水河两岸广阔的平地。相传今延庆境内有《妫水女》传说；另有元代刘庚《龙山水谷真大道五祖太玄真人郦君本行碑》载述郦希诚事迹："予按唐开元碑蔡有邻书，在昔帝尧'厘降二女于妫汭'实此地也。"郦希诚为元代真大道五世传人，出身妫川望族。"龙山水谷"，即今延庆、怀来盆地[11]。言帝尧女儿降生于此，难以稽考。然而，也不排除传说时代，帝尧后裔一支从山西一带迁徙于此，后因怀念故土，故将族居山西永济"妫汭"地名，移植于此，亦名"妫汭"。后又转名沩川。唐天宝元年（742）析置县，以妫川称名，实以古沩水得名。唐天宝十四载（755），妫川为"安史之乱"战乱区，妫川县废。

缙山。唐末改妫川县为缙山县，治今北京延庆区东北旧县村（亦说古城），以缙云山得名。县治亦为儒州治。缙，浅赤色。《后汉书·蔡邕传》："济济多士，端委缙綖。"释为此义。山，地面上土石形成的高耸部分。《周易·说卦》："天地定位，山泽通气。"即指此义。

缙云山，当指旧县村南一山，早晚山上彩云纷飞，姹紫嫣红。古人亦称"赤多白少"为缙，故以为名。亦相传为黄帝儿子缙云氏居住此地，故名。缙云山，亦名缙山、缙阳山、佛爷顶、龙安山，为妫川盆地第二高峰，海拔1254.4米；地处香营乡北部[1]64。山上有缙阳寺，唐代光启二年（886）建，今仍存。

缙山县之设置，与唐末藩镇割据密切相关。

安史之乱后，中央力量大为削弱，唐王朝被迫以魏博、成德、幽州三镇，分授安史旧将为节度使。他们在辖区内扩充军队，委派官吏，征收赋税，形成新的割据势力。节度使职位，父死子承，或为部将承袭。其后，全国各地仿效，列镇相望。9世纪初，藩镇达46个。《新唐书·兵志》："自国门以外，皆分裂于方镇。"藩镇之间相互攻战，或联合反唐[12]870-872。朝廷平叛后，不久又故态复萌。这种封建割据局面延续到五代十国，近200余年。兵祸百姓，社会生产被严重破坏。[13]

唐景福二年（893）春，先是"朱全忠以梁兵、李克用以晋兵更犯京师"[12]871，接着发兵攻镇州（今延庆区）。镇州即向同属燕地的幽州求救，幽州节度使李匡威率军援镇州。唐景福二年，反被其弟李匡筹发动兵变自称幽州太守，幽州将官刘仁恭乘机勾结李克用，攻占居庸关。李匡筹出逃，晋军占领幽州。唐乾宁元年（894），李克用表刘仁恭为卢龙节度使，从此刘仁恭父子统治幽州19年。为报答李克用，约在唐乾宁二年（895），设置缙山县，以防藩镇混战及李匡威返幽州治政。刘仁恭占据幽州之后，骄奢淫逸，勒索民财。后梁乾化四年（914），后唐庄宗李存勖（李克用之子）平定幽州，刘仁恭父子被擒杀于代州（今山西代县）。

今延庆境域，唐末及辽、金时期，皆为缙山县域，属儒州；州、县同治于一城。辽朝因之，属儒州缙阳军。金朝废儒州缙阳军，存缙山县，金末设镇州，州治今延庆城，镇州存一年撤。元朝设缙山县，县治今旧县村[1]52，属上都路奉圣州。至元三年（1266），撤缙山县入怀来县，至元五年（1268）复治缙山县，属上都路宣德府（今河北石家庄市宣化区）奉圣州（今河北涿鹿县）。至元二十二年（1285）三月丙子，元仁宗爱育黎拔力八达，出生于缙山县香水园，继位后于延祐三年（1316）升缙山县为龙庆州。至顺元年（1330），改属大都路。

明洪武四年（1371），废龙庆州，置龙镇卫。建文元年（1399），改龙镇卫为隆庆卫。永乐十二年（1414），移民垦荒，遂置隆庆州、永宁县。嘉靖四十五年（1566）后，今延庆境内军政设置杂多无序，军屯民屯，犬牙交错[1]51。

延庆。《明史·志第十六·延庆州》记载："延庆州，元龙庆州，属大都路。洪武初，属永平府。三年三月属北平府，寻废。永乐十二年三月置隆庆州，属北京行部。十八年十一月直隶京师。隆庆元年改曰延庆州。"[14]607延庆之名，始入国史、地志。

延庆，何以为名？延，长、久。《尚书·诏诺》："我不敢知曰，不其延。"班固《西都赋》："历十二之延祚，故穷泰而极侈。"《尔雅·释诂上》曰："延，长也。"庆，祝贺、庆贺。《周礼·春官·大宗伯》："以贺庆之礼，亲异姓之国。"《国语·鲁语下》："固庆其喜而吊其忧。"韦昭注："庆，犹贺也。"[5]379延庆，意为永久庆贺。

延庆得名，与避讳、庆贺喜事有关。封建时代，君父、君臣及长上之名，皇帝年号，均需避讳。避讳之风，始于周朝，行于秦汉，盛于隋唐，严于宋、明、清，民国改元后，才废此恶例。[15]

《明史·本纪第五·成祖一》载：明洪武三十一年（1398）闰五月，明太祖朱元璋去世，建文帝为防燕王朱棣造反，派文臣武将围防北平，并调走原属燕王管辖的军队。朱棣遂发动"靖难之役"，起兵攻打建文帝，后在南京登基，改元永乐。朱棣在位期间（1403—1424），颇有作为，史称"永乐盛世"。明永乐十九年（1421）正月，迁都北京。

隆庆州名，当与朱棣巡视有关。明永乐十二年（1414），成祖朱棣巡视驻跸团山，察视妫川（今延庆妫川谷地），见沃野荒芜，便移民垦耕，并置隆庆州、永宁县。次年又置永宁卫，加强这一带管辖。隆，高，后多引申为隆盛、兴盛之义。因朱棣巡视这一带即置县，故名隆庆，置州以此为名；州治今延庆城原县治，为祥瑞地名，属京师。

《明史·卷十九·穆宗》载：明世宗朱厚熜去世，穆宗朱载垕"壬子，即皇帝位。以明年为隆庆元年，大赦天下"[14]169。明隆庆元年（1567），为避讳皇帝年号，诏改隆庆州为延庆州，隆庆三卫为延庆三卫，筑柳沟城。明崇祯七年（1634）七月，清兵进驻永宁。十六年（1643）设柳沟总兵。清顺治十年（1653），裁延庆、永庆各卫指挥，后改设守备。顺治十六年（1659），裁永宁县入永宁卫，永宁卫守备分驻柳沟，后军政逐步归于延庆州辖[1]18-21。

1912年，帝制推翻，民国始立。民国二年（1913），改延庆州为延庆县。自此后，县名不改，县域略调；县治、归属，随朝代更改而变更。1952年前属察哈尔省，同年撤省划属河北省张家口地区。1958年划属北京市。2015年撤县设延庆区，属北京市。

境内处燕山西段，西北多山，中部为盆地。气候适宜。有白河、妫水横贯东南流，山区多泉流。林木繁茂，动植物、矿产资源丰富。盛产农果，尤以苹果、核桃、杏子、山楂得名，为北京市果品基地。工业较兴。交通方便。名胜古迹有八达岭长城、龙庆峡、康西草原、松山自然保护区、山戎墓葬陈列馆、古崖居遗址和莲花山、珍珠泉、滴水湖等，为北京市旅游旺地。

参考文献：

［1］延庆区志［M］. 北京：北京出版社，2006.

［2］司马迁. 史记［M］. 中华书局，1999.

［3］彭雪开. 炎帝神农氏南迁湖湘考［J］. 长沙大学学报，2017，31（6）.

［4］班固. 汉书［M］. 北京：中华书局，1999.

［5］汉语大字典（缩印本）［M］. 武汉：湖北辞书出版社，1997.

［6］杨坚，点校. 吕氏春秋·淮南子［M］. 长沙：岳麓书社，1988：87.

［7］后晓荣. 秦代燕地五郡置县考［J］. 古代文明，2009，3（2）.

［8］何堂坤，王继红，靳枫毅. 延庆山戎文化铜柄铁刀及其科学分析［J］. 中原文物，2004（2）.

［9］田昌五，安作璋. 秦汉史［M］. 北京：人民出版社，2008：179－180.

［10］中国古今地名大词典［M］. 上海：上海辞书出版社，2010：1994.

［11］刘继臣. 北京延庆与"妫"字的不解之缘从何说起［N］. 北京日报副刊，2019－04－25.

［12］欧阳修，宋祁. 新唐书［M］. 北京：中华书局，1999.

［13］辞海（缩印本）［M］. 上海：上海辞书出版社，1985：617.

［14］张廷玉. 明史［M］. 北京：中华书局，1999.

［15］中国文化知识精华［M］. 武汉：湖北人民出版社，1989：230－231.

房　山

房山境域，"颛顼属幽陵，唐尧属冀州，虞舜属幽州，夏禹属冀州，殷商属幽州"。秦始皇二十三年（前224），燕置广阳郡，辖良乡、蓟二县。汉高祖六年（前201）置广阳县、良乡县，属燕国涿郡[1]。良乡县治今窦店西侧；广阳县治今良乡镇东北广阳城；西乡侯国，治今长沟镇东侧土城，皆属涿郡[2]1982。

房山，古称大防岭、大防山，因山而名（后名房山）。为太行山余脉，延绵100余千米，支脉众多，猫耳山为其主峰，海拔1370米，位于今房山区中部。自然地名有大房山（大防山）。

战国时燕于良乡境域设置中都（县），秦汉后区划地名历有良乡、广阳、固节、万宁、房山之称，皆有历史文化渊源可考。

大防山之名，源于战国、秦，兴于两汉。

其一，中国山神观念，源于春秋。神，传为天地万物的创造主宰者。《论语·述而》曰："子不语怪力乱神。"春秋时，始有天下四岳之说。约在战国中末之交，即楚国吴起变法时（前386—前381），古之"四岳"才加称为"五岳"。其主因可能是便于周朝及各诸侯国，在其领地内，登"五岳"祭祀天地、祖宗、神灵[3]。至秦汉时，秦始皇、汉武帝皆隆祭泰山，始开国祭五岳之先河。自此后，我国名山皆立主庙祭祀。其时，大防山是否立庙，待考。

其二，《魏书·地形志上》载：幽州燕郡"良乡，二汉属涿，晋属范阳，后属。治良乡城。有大房山神"[4]。大房山，即战国、秦时大防山。后因秦灭北燕，燕太子丹于这一带设防抗秦，故名大防岭。汉初，可能由大防岭改名大防山。《新唐书·地理志二十九》："良乡，望。圣历元年曰固节，神龙元年复故名。有大防山。"《资治通鉴》载：五代后梁贞明三年

（917），契丹围幽州，晋李嗣源率兵赴救，自易州北"逾大房岭"。《金史·海陵王纪》载：贞元三年（1155），"以大房山云峰寺为山陵，迁太祖、太宗梓宫于此。"因此之故，大房山以谐音成大防岭、大防山，当在秦汉时。唐末，大防山已谐音成大房山。元至元二十七年（1290），改奉先县为房山县。因西部有大房山，故以名县。

中都，为燕国设置。古城在今北京市房山区董家林西周古城遗址一带。中，古今文本义：中间、当中。《孙子·九地》："击其中则首尾俱至。"《战国策·魏策四》："魏王欲攻邯郸，季梁闻之，中道而反。"《史记·高祖本纪》："乃与汉王约，中分天下。"皆同此义。

都，指城邑。《左传·庄公八年》："凡邑有宗庙先君之主曰都。"《论衡·别通》："人之游也，必欲入都，都多奇观也。"《尚书·说命中》："明王奉若天道，建邦设都。"皆有此义。

周燕春秋时设置燕中都，是否为郡？无考。但燕中都，当为国之都城，可能又为附郭都（县）。

其一，根据先秦文献及出土文物考证，西周周成王封召公奭于北燕，立都于今房山区琉璃河边，已被董家林西周古城遗址所证实[5]。不过，召公奭并未就封，而是以长子克代职，为第一代郾侯。自己留在成王身边，辅佐朝政。琉璃河古城遗址，为燕国都城存360余年，后世文献称为"中都"。此中都当为燕国第一座国都，但也不排除都城内外设中都（县）。考古发现，以燕中都为中心，出现了中原文化系统，以此为中心范围在30千米以内。至两周中期，中原文化系统扩展到燕中都周围70～90千米以内。这恰好为设置古都（县）创造了客观条件[6]。燕中都（县）何时所设，难以稽考；约在西周末春秋初，最有可能。

其二，据《周礼·遂人》《周礼·泉府》《周礼·县人》《周礼·乡大夫》所载，以及南宫柳鼎、小克鼎、禹鼎、今甲盘及著名师晨鼎铭文所载：西周初期，已有乡遂制度。杨宽先生《西周史》，亦作专章考证[7]。《周礼·遂人》："五家为邻，五邻为里，四里为酇，五酇为鄙，五鄙为县。"县名源此。此时之"县"制，与春秋初楚国灭权国为县是否同一，不得而知。然而，可以肯定，西周之县与春秋之县应是一脉相承[8]。由此可知：周成王时，燕国国都为中都，应并不排除以后中都设有附郭"中都（县）"。何时设置，当考。

其三，燕国在中都立国300余年，约在燕桓侯（前697—前691）时，迁都临易35年。约在燕庄公二十八年（前663），又迁都蓟城附近为上都。实际是灭蓟国为燕境，占蓟城扩充为燕都蓟城。有学者考证：燕国存国840余年，传王42代，五易都城；其中立都蓟城（上都）最久，燕城（中都）次之，燕下都（今河北易县）、临易（今河北雄县西北）再次之。辽阳立都仅5年，为秦国所灭，并毁其国都[9]。女真族崛起后立金国。1125年灭辽，次年灭北宋。1153年金海陵王将国都（今黑龙江阿城南）迁入燕京，改名中都。改燕京析津府为中都大兴府，治今北京城区西南隅（今北京永定门、宣武门一带），这疑是受燕国立"中都"影响而得名。

其四，《史记·绛侯周勃世家第二十七》载：燕王卢绾反，周勃代樊哙击下蓟，得其郡守、太尉、御史大夫，"屠浑都"。［集解］徐广曰："在上谷。"《汉书·地理志》认为：浑都县属上谷郡。《括地志》："幽州昌平县，本汉浑都县。"《战国策·赵策》载有上谷郡。《史记·匈奴列传第五十》载：燕国上谷郡，为燕昭王时燕大将秦开攻取辽东胡地置五郡之一[10]。

秦灭燕，置上谷郡，设16个县（亦说11县）。上谷因在大山谷上而得名。事实上出土文物有证：战国时燕国称都为县。如陶文"容城都口左""余无都瑞"，兵器铭文"泉州都口"等，皆佐证燕国设"都"为县。浑都，即是秦灭燕时所置县名（今昌平区地域）。

由此推断，姬燕都城（今房山董家林古城遗址）春秋时称为"中都"，在中都城内外极可能设县为"中都"。当然，西周燕国是否置中都（县）还有待于先秦古文献及文物考古发现。

良乡在《后汉书·郡国五》中有记载：涿郡，高帝置，有五城。其中列有良乡县[11]2406。县治今北京市房山区东南窦店西侧。良乡作为县级政区地名，史载国史、地志。

　　良乡，何以为名？良，古今文本义：贤良、善。《尚书·益稷》："元首明哉，股肱良哉。"《诗经·小雅·角弓》："民之无良，相怨一方。"郑玄笺："良，善也。""乡"为古代县以下行政单位，历代所辖范围不同；亦引申为处所、地方。《战国策·赵策二》："是以圣人观其乡而顺宜，因其事而制礼。"《吕氏春秋·仲秋》："四方来杂，远乡皆至。"良乡，人物俱佳的地方[2]1592。

　　良乡得名约在先秦。最有可能在战国燕昭王（前311—前279）时，为报齐攻燕之耻，起用乐毅（生卒年不知）任亚卿。乐毅为魏国名将乐羊之后。燕昭王二十八年（前284），乐毅率军攻齐取城70余座，因功封于昌国（今山东淄博市东南），号昌国君。燕惠王即位后，中齐反间计，改劫骑为将，乐毅出奔赵国，封于观津（今河北武邑县东南），号望诸君。乐毅死后葬在何处？一说葬在赵国，一说葬在良乡。良乡历传有乐毅墓葬大丘。乐毅究竟葬于何处，有待考证。今房山区长阳镇，曾发现汉代古墓[12]。此地汉代为广阳郡治。

　　燕昭王曾筑黄金台，招贤纳士。史为乐等主编《中国历史地名大辞典》载，黄金台有两处：一在今河北易县东南易水南；一在今北京城南。今又有学者考证：在今河北定兴县高里乡北章村（有古遗址考）。考其台迹，当在今房山区西南为是。因燕昭王时，此地"人物俱良"，故得名良乡。其时，是否置县，待考。然而，属于中都（县）或蓟县良乡则可能性极大。

　　秦置良乡县。汉因袭之，属涿郡。汉成帝封赵共王子交为梁乡侯。梁，即作良。三国后归属多变。武周圣历元年（698）改为固节县。

　　固，地势险要牢固。节，竹节，后引申为气节、操守。固节，固守节操。源于晋代陶渊明《饮酒·其二》诗句："不赖固穷节，百世当谁传。"武则天当政时，以文治国。如：武周长寿二年（693），改行唐县为章（彰）武县（今河北行唐县）；武周通天二年（697），改无终县为玉田县（今河北玉田县）；武周如意元年（692），改通泽县地（隋末废）置武隆县（今河北永清县）。以上皆为以文治国例证。改良乡县为固节县，亦属此列。

广阳。《后汉书·郡国五》载：广阳郡，有五城（县邑），其中有广阳县[11]2406。

广阳，何以为名？作为自然地名，得名约在战国时期。广，古今文中本义：宽大。在甲古文中，字形像四周无壁的大屋。《诗经·周南·汉广》："汉之广矣，不可泳思。"《尚书·周官》："功崇惟志，业广惟勤。"《玉篇·广部》："广，大也。"[13]阳：太阳。《诗经·小雅·湛露》："湛湛露斯，匪阳不晞。"毛传："阳，日也。"《楚辞·九歌·大司命》："一阴兮一阳，众莫知兮余所为。"王逸注："阳，明也。"后引申为方位。《尔雅》："山南曰阳。"《玉篇·阜部》："阳，山南水北也。"两汉后，多引申为山南水北为阳。

秦置广阳郡，当以地域地名为名。战国中期（前311—前279），燕国始强，是否于此设都（县），难以稽考。不过，因地处南北交会之节点，其时当有较大城邑，或为都（县）邑，或为军邑。因地处燕山山脉之南，故名广阳。因经济、交通、人口、交往之发展，从自然地名逐步过渡到地域地名，少则数百年，多则上千年，国内已不鲜见。由此推断，广阳地名源于燕昭王时期的可能性最大。

战国末，燕国于此设广阳都（县）。秦始皇二十五年（前222），在燕广阳都（县）域上，置广阳郡；郡治今北京市房山区良乡镇东北广阳城。汉初置广阳县，县治原秦广阳郡治，属燕国。《后汉书·郡国五》记载："广阳郡，蓟本燕国，刺史治。"[11]2406战国时，燕都于此。秦汉之交，项羽立臧荼为燕王，都蓟。高帝因之为燕国。汉武帝封刘旦为燕刺王。汉昭帝元凤元年（前80），燕刺王旦图谋反叛败露自杀，国除为广阳郡。本始元年（前73）改郡为广阳国。建武十三年（37），属上谷郡。北齐天保七年（556），废入蓟县[2]1253。

西汉初，从蓟县分置良乡县、广阳县于今房山区境内，良乡县治今窦店镇西侧，广阳县治今良乡镇东北广阳城；西乡侯国，治今长沟镇东侧地域，皆属涿郡。东汉废西乡侯国，北齐废良乡、广阳二县。武平六年（575）又复置良乡县[2]1982。武周圣历元年（698），改良乡为固节县。神龙元年（705），又复置为良乡县。五代后唐长兴三年（932），迁治于盐沟。

万宁，金大定二十九年（1189），析良乡县西境为万宁县，治今城关镇，属涿郡。明昌二年（1191）改为奉节县。

万，古今文本义：数字，十千为万。《韩非子·十过》："步卒五万。"后泛指众多之义。《诗经·大雅·文王》《论语·尧曰》《战国策·秦策一》中"万"字，皆含此义。[14]宁：贮存。在甲骨文中，其字形为柜中贮贝之状。后多引申为：安宁之义。《周易·乾》："首出遮物，万国咸宁。"《孟子·滕文公下》："周公兼夷狄，驱猛兽而百姓宁。"万宁，众多安宁之义。

万宁县之设，与金朝海陵皇帝治政迁都密切相关。《金史·本纪第五·海陵》：海陵"为人慓急，多猜忌，残忍任数"。史载其弑君弑母，夺妻杀夫，无所不为。他窃帝位后，一心灭南宋统一天下。其时，金国经过太祖、太宗、熙宗三世约35年经营，已拥有大半个中国版图，而国都偏居于上京会宁（今黑龙江省哈尔滨市阿城区城区）。为实现灭南宋的政治目的，决定迁都。

金天德三年（1151）三月，海陵下诏扩建燕京城，营建宫室；四月，诏迁燕京为中都（今北京市内）。贞元元年（1153）三月，改燕京为中都，府曰大兴，以汴京（今河南开封市）为南京，以洛阳（今河南洛阳市）为中京。

迁都之后，海陵决定将先祖陵墓随迁中都，并开始派人并亲自在中都寻找陵寝之地。《大金国志·卷之三十三·陵庙》："国初，祖宗止葬于护国林之东，逮海陵徙燕，始今司天台卜地于燕山之四周。岁余，方得良乡县西五十里大洪谷曰龙域寺，峰峦秀出，林木隐映，真筑陵之处。"文中"大洪谷""龙域寺"，皆为今房山区云峰山处，亦称九龙山。

金贞元三年（1155）三月，海陵将太祖、太宗等先祖陵墓迁于大房山脉九龙山下金陵。金正隆元年（1156）十一月，又继迁始祖以下10帝（未做过皇帝，系后来追封）入大房山金陵。金正隆六年（1161）十一月，在宫廷政变中，海陵被叛将杀死。大定二年（1162），金世宗降废帝完颜亮为海陵王。金世宗继位后，继修皇陵，大定二十九年（1189）正月去世，葬大房山金陵。同年，金朝为保护陵墓风水，特"析良乡西境，置万宁县以奉山陵"，并在陵区东南隅筑县城（今房山区城关街道办事处）[15]。以祈愿皇陵万世安宁，置万宁县并以此为名。明毁金陵，清修复金陵，民国兵匪盗掘而毁。后至"文化大革命"时期，又遭破坏。今残有遗迹，现列为北京市文物保护单位。

金明昌二年（1191），万宁县改为奉先县，属涿州；良乡县属大兴府。奉：有贡献之义，此指奉祀；先：走在前面的，引申为已故之人，此指先祖。因奉大房山祖宗陵寝，故名奉先。

元至元二十七年（1290），改奉先县为房山县，因西部大房山得名，属涿州。明代，仍属涿州；良乡县属顺天府。清代均属顺天府。民国三年（1914），属京兆地方。民国十七年（1928），隶河北省。1958年，划归北京市，撤县改为周口店区，区治今城关镇。1960年，撤区置房山县。1980年，析县境中部境域，置燕山区。1986年，房山、燕山两区合为房山区，区治原址。

境内东高西低，多山地平原。气候温润，交通便捷。农业盛产小麦、玉米、棉花等，特产有柿、苹果、梨、栗等。多矿产化工资源，有化工城之誉。有上方山、百花山、十渡、云居寺以及周口店北京猿人遗址、琉璃河商周遗址等名胜古迹，今渐成旅游胜地。

参考文献：

[1] 北京市房山区志 [M]. 北京：北京出版社，1999：5 – 15.

[2] 中国古今地名大词典 [M]. 上海：上海辞书出版，2010.

[3] 彭雪开. 衡山地名源流考 [J]. 中国地名，2019 (7).

[4] 魏收. 魏书 [M]. 北京：中华书局，1999：1671.

[5] 王鑫，柴晓明，雷兴山. 琉璃河遗址 1996 年发掘简报 [J]. 文物，1997 (6).

[6] 琉璃河考古工作队. 北京琉璃河出土西周有铭铜器座谈纪要 [J]. 考古，1989 (10).

[7] 杨宽. 西周史 [M]. 上海：上海人民出版社，2008：395 – 425.

［8］彭雪开．株洲古今地名源流考释［M］．长沙：中南大学出版社，2013：143．

［9］薛兰霞，杨玉生．论燕国的五座都城［J］．河北大学学报（哲学社会科学版），2011，36（1）．

［10］司马迁．史记［M］．北京：中华书局，1999：2209．

［11］范晔．后汉书［M］．北京：中华书局，1999．

［12］李晓东．北京房山区长阳工地发现汉代古墓（图）［N］．新京报，2011－04－24．

［13］汉语大字典［M］．武汉：湖北辞书出版社，1992：377．

［14］古代汉语词典［M］．北京：商务印书馆，2005：1600．

［15］纵览云飞．北京金代帝王陵墓的来龙去脉［EB/OL］．（2007－09－17）．http://blog.sina.com.cn/s/blog_54bac8b601000b3s.html.

顺 义

在新石器时代，顺义境域潮白河沿岸已有人类活动。舜时属北迁共工之域。夏、商、周三代，境域属冀州、幽州、燕国[1]40。境域内政区地名，历有狐奴、安乐、归顺州、顺州、顺义之称，皆有历史文化渊源可考。今择其狐奴、安乐、归顺、顺义作重点考释。

《汉书·地理志第八下》载：渔阳郡，秦置。有十二县，其中有渔阳、狐奴等县[2]。狐，古今文中指狐狸，一种狡猾多疑的肉食动物。《诗经·卫风·有狐》："有狐绥绥，在彼淇梁。"《周易·解》："田获三狐。"《史记·孟尝君列传》记载："此时孟尝君有一狐白裘，直千金，天下无双。"

奴，古文中多指因罪没入官府或被掠卖之人；亦指水泽，《水经注·滱水》："卢奴城内西北隅有水渊而不流，南北百步，东西百余步，水色正黑，俗名曰黑水池，或云水黑曰卢，不流曰奴。帮此城借水以取名矣。"[3]实为匈奴人建构的瞭望塔。

狐奴，何以得名？一说因山得名。相传一山有狐狸仙，夜间嚎叫时，北部匈奴人就前来侵扰，故名狐奴山。后有人在山上筑庙祭仙。二说因山泽得名。"雍奴，薮泽之名。四面有水曰雍，澄而不流曰奴。"[4]（疑为郦道元自注）

由此推知："奴"，在北魏郦道元《水经注》中释为"水泽"。晋朝晋灼《史记》注："狐奴"曰"水名"。此"狐奴"，在今甘肃省武威市石羊河。实指元狩二年（前121），骠骑将军霍去病"将万骑出陇西讨遨濮，涉狐奴，历五王国"。《中国军事通史》第五卷《西汉军事史》称霍去病带兵出陇西后，"逾乌鏊，讨遨濮，涉狐奴"（石羊河）。由此得知，两个历史地名皆释"奴"为水名。顾炎武《昌平山水记（卷下）》记载：昌平"东北二十五里为狐奴山，水经注，水不流曰奴，盖以山前潴泽名也"。两汉时狐奴县境，东有鲍丘水（今北京潮河），西有沽水（今白河），水源丰富，为张堪开垦稻田种稻提供了条件。由此推知：狐奴，因山前有水泽而名。

狐奴，得名于战国末，当有可能。

一是战国时燕国为七雄之一，因属边地，郡辖"都"，"都"即县。战国中末之交，燕昭王（前1311—前1279）时期，秦开为燕将拓取胡地千余里，置上谷、渔阳、右北平、辽西、辽东五郡。郡辖"都"，成统制[5]。战国燕金文有泉州"都"；传世之文献有"浑都"（军都）。其时，燕国渔阳郡，当辖狐奴都。其"都"名，当源于自然地名"狐奴"。公元前664年，山戎伐燕，燕告急于齐，齐桓公北伐山戎，山戎走。齐助燕灭孤竹、令支二国[6]2206。然后，置渔阳郡，郡辖狐奴都（县）实有可能。燕将秦开拓取胡地，可能是复置渔阳郡。

二是秦灭燕，置渔阳郡，郡辖县，其中当有狐奴县。因秦灭六国而一统，功业至伟，但多行暴政，立国15年而亡。《汉书·地理志第八下》载"渔阳郡，秦置。莽曰（北顺）通路，属幽州"，十二个县有渔阳、狐奴、路、雍奴、泉州、平谷、安乐等。西汉高祖十二年（前195），在今顺义境北小营镇北府村南狐奴山下，置狐奴县[1]1。汉初政区之设，当沿袭秦制，秦沿袭燕制。由此亦可推知：战国末燕国已置狐奴都（县）。清乾隆《武清县志》载：泉州置县大抵于秦末汉初，与雍奴秦时并属上谷郡。《战国策·秦策五》云："赵攻燕，得上谷三十六县，与秦什一。"这可能为误记，而《汉书·地理志》记载，上谷郡辖15县，渔阳郡辖12县，当可靠。由此亦佐证：战国末燕国置渔阳郡时，已置狐奴县，以山前水泽名县。

三是出土文物有证。1973年，在狐奴山下的魏家店村，发现新石器时代和商周时期的两枚青石、黑石小石斧，这表明殷商前这儿有人类聚居痕迹。1963—1982年，在顺义镇各庄村出土战国时期铁农具、青铜器及红陶器等文物，这表明战国时这儿有较发达的农业聚落。距今顺义镇30千米的龙湾屯镇，其墓葬中发现大批战国中晚期时燕国青铜器，造型精美，出土青铜剑与青铜镞，器型可鉴[1]696-697。1986年，在北小营乡北府村南狐奴山下出土汉代陶器、陶井、青铜剑、五铢钱等汉代器物。该遗址当地称呼城坡，地表有大量汉代砖瓦碎片[1]695。该遗址疑为汉狐奴古城遗址。虽然至今未发现先秦出土文物，但今顺义镇一带，自古为交通要津，是从今北京东出辽宁、北至内蒙古的交通节点。今顺义区后沙峪镇古城村北、温榆河东岸地面上，存有一东西向高土岗，底宽7米，顶宽3米，高约5米，长近百米，土层中有明显夯窝。遗址地面有大量秦汉砖瓦和陶器碎片。经考证，此处秦汉古城为秦汉渔阳郡安乐县古城遗址。此古城遗址与狐奴古城遗址，当是从广阳郡（今北京市古城）至渔阳郡（今密云区）两个交通节点。在此临河两个交通节点上置"都"（县）邑或军邑，极有可能。

四是根据地名命名规律，从一个自然地名过渡到地域地名，必经较长时间，少则几百年，多则上千年，甚至更长时间。这是因为，一个自然地名要过渡到地域地名，需有如下几项要素：一要有生产工具的改进与经济持续发展；二要有水陆交通优势，尤其是水运优势；三要有一定人口规模；四要有一定的经济发展规模，以及与外交往的地域优势。春秋战国时各国置郡立县，皆在地域地名上，或依山而名，或依水而名，或依山水而名；除此外，少数的则依古国、城邑、人物、宗族等而名。西汉高祖十二年（前195）置狐奴县，当是以狐奴地域地名得名，即以狐奴山水（实为山前水泽）为名。由此推知：狐奴地名出于战国末最有可能。

安乐。《汉书·地理志第八下》载：渔阳郡，秦置。其中列有渔阳、狐奴、安乐等12县。其他县名，多依山依水依物产而名，唯安乐独出其外。

安乐，何以得名？安，古今文中多释为：安定。在甲骨文字中，字形如女人安居在堂室之中。《诗经·小雅·棠棣》："丧乱既平，既安且宁。"《左传·襄公十一年》："居安思危。"《说文》："安，静也。""乐"，古今文中多释为音乐、喜悦。《周易·豫》："先王以作乐崇德。"[7]538《战国策·齐策一》："父母闻之，清宫除道，张乐设饮，郊迎三十里。"《诗·郑风·溱洧》："洧之外，洵讦且乐。"安乐，安定快乐之义，为祈愿地名。

安乐县之设当与安乐邑相关。

一是今北京市昌平区沙河，古名温榆河。有北沙河，源于今北京市海淀区北部山区上方寺、龙泉寺一带；另有南沙河，源于海淀区寨口村一带。南、北二支流汇于海淀区上庄乡西马房村西，流经老牛湾村入昌平区沙河水库，属温榆河水系，全长21千米，宽约100米，流域面积220平方千米。流域中下游一带，自古多为平川富饶之地。战国末燕国于此设邑（疑为军邑，抑或县邑），得名安乐。

二是出土文物有证。安乐县城遗址位于温榆河东岸古城村北，现仍残存东西长近百米，底宽约7米，顶宽约3米，最高处近5米的土筑城墙遗址。土城四周可见大量秦汉时的砖瓦碎片[1]691。有地方文史载：这儿除地面有秦汉砖瓦碎片外，还曾出土过战国时刀币、半两钱。战国燕国流行刀币。《史记·平准书第八》载：汉兴，"于是为秦钱重难用，更令民铸钱……"［李隐］顾氏按：《古今注》云："秦钱半两，经一寸二分，重十二铢。"[6]1203可见秦置渔阳郡时，境内流行过"秦半两"。这表明，这一带在战国燕国置渔阳郡时已置邑，疑为"都"（县）邑，抑或驻军邑。当否，有待进一步考证。但"安乐"得名，当在战国时或更早，应无疑。

唐开元四年（716）置归顺州。"归"，古今文本义为出嫁，后引申为归附。《孟子·梁惠王上》："民归之，由水之就下，沛然谁能御之?"《吕氏春秋·功名》："水泉深则鱼鳖归之，树木盛则飞鸟归之。"

顺，在何尊铭文中，其字形有如人依附他物之状，后引申为和顺。《周易·豫》："圣人以顺动。"孔颖达疏："若圣人和顺而动，合天地之德。"《诗经·郑风·女曰鸡鸣》："知子之顺之，杂佩以问之。"归顺，依归和顺之义，为祈愿地名。

州，古今文中多指高于县以上行政单位。"州"通"洲"，后加三点水以别州县之"州"。《尚书·禹贡》："禹别九州。"其时"州"当为区域名。《清文献通考·舆地考一》："三代以后，多袭古州之名，止就其疆理所及分之，故每代各有参差。"[7]20唐之州，即高于县级行政单位，后改州为郡，郡辖县。归顺州，依归和顺之州。

归顺州设置，当与契丹部落一支归附唐朝有关。

魏晋南北朝，今顺义境地狐奴、安乐二县及渔阳郡，同时撤并交替。直至唐贞观二十二年（648），为安置内附契丹别帅析纥便部，又有政区变化，即在今内蒙古赤峰、通辽一带，设置弹汗州。开元四年（716），弹汗州移治今顺义境内，更名归顺州。归顺州，始载国史、地志。天宝元年（742），归顺州改为归化郡，辖怀柔县。

《旧唐书·本纪第三·太宗下》载：贞观二十二年十一月"庚子，契丹帅窟哥、奚师可度者并率其部内属"[8]。契丹源于东胡，为鲜卑一支，世居北方，以游牧渔猎为业。后由小部落组成具伏弗、郁羽陵、日连等八部。隋唐时，建立大贺氏为首的部落联盟。唐贞观年间，首领窟哥率众附唐。唐以其地置松漠都督府，窟哥为都督，统中州。唐开元年间，大贺氏衰微，联盟领导权转入遥辇氏一系。大贺氏其中族支析纥便部，在今内蒙古赤峰、通辽一带置弹汗州。唐开元四年（716），迫于大唐威势，移治于今顺义区，更弹汗州为归顺州。乾元元年（758），归化郡改为顺州，仍辖原县[1]7。顺州，始有政区名。

后契丹渐强，攻掠密云、顺州、安远等地，掠密云、顺州之民。后晋天福元年（936），石敬瑭反后唐，割幽州、顺州等十六州于契丹。之后顺州等归辽、金所辖。宋宣和四年（1122），金攻占燕京，将燕京交宋辖。宋设燕山府，顺州属燕山府广阳郡辖。金天会三年（1125）复为金辖。元朝一统，顺州为其燕京路所辖[1]7-8。

元废温阳县入顺州。明洪武元年（1368），改顺州为顺义县，属北平府。顺义县名由此始。

顺义。顺，有归附之义。义，古文中多指：礼节、仪式，后引申为合乎正义的行为。《尚书·康诰》："用其义刑义杀。"《老子·十八章》："大道废，有仁义。"《论语·述而》："不义而富且贵，于我如浮云。"皆释为此义。

顺义得名，历有二说：一说契丹一支归顺大唐后，始有归顺州、归化郡、顺州之称。明洪武元年（1368）八月，改大都为北平府。十二月，改顺州为顺义县，属北平府辖。顺义由此名。二说顺义县城"地位高亢"，像一座磨盘，四周为平坦田地，磨盘上亦为平坦田地，"四去皆然，顺以此得名"。顺州得名，可能兼含以上二说。

然而，顺义得名，除含以上义项外，当与元末明初当地政局有关。《明史卷二·本纪第二·太祖二》载：洪武元年夏四月"戊申，徐达、常遇春大破元兵于洛水北，遂围河南"。又云："秋七月……壬子，常遇春克德州。丙寅，克通州，元帝趋上都。"这年八月壬午，洪武帝"幸北京。改大都路曰北平府"。这年十二月，改顺州为顺义县，属北平府辖。因朱元璋自登基后，多行义政，颇得民心[9]，加之降州为县，减少闲官冗员，轻赋利民，实为义政之举，故有"归顺义政"之义，称名顺义。顺义地名，内含多项义项自明。

有明一代，顺义境域先盛后衰。明嘉靖后，多遭兵掠；崇祯后又多遭清兵深陷。清代境域先按后攘，沦为兵匪掠夺、美国商货倾销之地。不过，明清以来，境内人文尚兴。民国时期，境内动荡不安，多遭兵匪劫掠，日军侵略，生灵涂炭。直至1948年10月20日，中共始于境内建立政权；同年12月8日，县城解放，顺义人民始获新生[1]14。

明初置顺义县后，永乐元年（1403）属顺天府。正德元年（1506）改属昌平州。清初改属顺天府。顺义称名后，县名不易，县域略调，区划随政局变化而更改，归属随政区变更而随属。民国之后，归属多变。1949年8月，归河北通州专署辖。1958年4月，划归北京市为顺义区。1960年1月，改区为县。1998年，又复为区，属北京市辖[10]。

境内地势北高南低，多平川，气候温凉，河流众多。资源富有，交通便利。科技教育等事业完善。生态优良，适宜久居。文物名胜众多，主要有狐奴县、安乐县古城遗址，龙湾溶洞、汉石桥湿地、奥林匹克水上公园等。

参考文献：

[1] 顺义县志 [M]. 北京：北京出版社，2007.

[2] 班固. 汉书 [M]. 北京：中华书局，1999：1299.

［3］陈桥驿．水经注校证［M］．北京：中华书局，2011：288.

［4］脱脱．辽史［M］．北京：中华书局，1999：336.

［5］后晓荣．燕国县级地方行政称"都"考［J］．首都师范大学学报（社会科学版），2012（6）：25－27.

［6］司马迁．史记［M］．北京：中华书局，1999.

［7］汉语大字典（缩印本）［M］．武汉：湖北辞书出版社，1997.

［8］刘昫．旧唐书［M］．北京：中华书局，1999：41.

［9］张廷玉．明史［M］．北京：中华书局，1999：8－14.

［10］中国古今地名大词典［M］．上海：上海辞书出版社，2010：2220.

平 谷

《汉书·地理志第八下》记载："渔阳郡，秦置。莽曰（北顺）〔通路〕，属幽州……"其中郡辖县十二：渔阳、狐奴、路、雍奴、泉州、平谷、安乐、厗奚、犷平、要阳、白檀、滑盐[1]1299。共和国《平谷县志·沿革》载：西汉高祖十二年（前 195 年），始置平谷县，因四周环山，中为平川而得名，属渔阳郡[2]55。

平谷境内历史悠久，早在 10 万年前旧石器时代，就有人类居住。上宅文化距今有 7000～6000 年历史。其遗址出土的艺术陶塑猪头，将中国雕塑史提前了约 1000 年[3]。苏秉琦先生数次考察上宅文化后指出：燕山南北，长城地带的发展规律突出地表现在，同一时代有不同的文化交错存在，不同的群体在这里交错。其中上宅文化是其中颇具代表性的一支原始文化。可见今平谷一带，在文明史前史中有重要地位与价值。

平谷置县后，历有平谷、滑盐（盐田）、大王镇、平峪之称谓。其自然地名、军事、政区地名，皆有历史文化渊源可考。

平谷。平，古今文本义多指：宁静、安舒之义；后引申为平坦之义。《周易·泰》："无平不陂，无往不复。"《诗经·小雅·黍苗》："原隰既平，泉流既清。"《尔雅·释地》："大野曰平。"[4]171 谷，古今文本义指两山之间的水道，后多引申为两山之间狭长的有出口的地带。《墨子·节用中》："古者圣王为大川广谷之不可济，于是利为舟楫。"《诗·小雅·十月之交》曰："高岸为谷，深谷为陵。"[4]1624

平谷之名在明蒋一葵《长安客话》中有记载："四周皆山，中则平地，因以平谷名。"民国《平谷县志》记载："自古建置都邑，必因山河之形势，平谷南、东、北三面环山，层峦叠嶂，资为屏藩。"道尽平谷得名之由来。

据笔者考证，平谷，得名于先秦。

一是 10 万年前的旧石器时代晚期，马家坟、海子、洙水等 10 余处地方，出土双刃刮削器、单刃刮削器、双台面石核等 30 多件旧石器。这充分证实：其时这一带就有人类居住活动。上宅文化遗址，出土的大量石器、陶器、房屋基址，说明平谷先民已过着原始农业的定居生活。这是北京地区迄今为止发现最早的原始农业萌芽状态的新石器时代文化，是介于北方草原和中原两大地区的原始文化中间地带的一种具有地方特色文化[3]。

二是先秦文献载：夏代平谷属"九州"幽州之域，这一带应有村落散居。1977 年 8 月，平谷镇刘家河商代中期墓葬发掘 16 件成套青铜礼器与铁刃铜钺、金耳环等青铜、金器，墓葬主人很可能在商王朝中期（即商文化的二里岗期至殷墟早期，距今 3400～3300 年），被任命到此处进行统治的贵族，或者是某个依附于商王朝土著方国的国君[5]。其时，殷商方国名称，难以稽考。但属于土方之属的夏民族，当有可能[6]。

三是根据地名定名、命名的规律，一般最先由自然地名逐步过渡到地域地名（大地片名），再形成权定区划地名。这是个漫长的过程。因自然地名，多依山依水依地势等为名。随着生产力的发展，人口的增多，水陆交通的便利，便形成了较大的聚落邑。这些聚落邑，成为众多自然地名的中心聚落，便演变成地域地名（与区域地名有别）。当王朝的统治者要管辖一方土地与人民时，一般会在某一地域地名所涉及的范围，设置行政区划。一般情况下，行政区划地名，必以地域地名称名。如西周初燕国以燕山为名，而蓟国则以蓟丘为名。

四是"平"字源于都公鼎。《左传·僖公二十五年》（前 635，楚成王三十七年）载："秦晋伐都。"[7]都国位于秦、楚两国之间。国都多受秦、楚局势影响而数迁。公元前 622 年，秦攻入商密，都国（下都）为秦占有。都人迫迁今湖北省宜城市东南，称为上都，为楚附庸国。公元前 504 年，楚灭都（上都）。吴伐楚，楚败，遂迁都于上都[8]。都人融为楚人。春秋中期末（前 622—前 614），即楚穆王在位年间（前 625—前 614），都国君铸都公鼎，为国之重器。谷字，最早见之于甲骨文。其字形像狭谷之口。甲骨文已用作地名。战国早期,《信阳楚简》已基本定型为"谷"字[4]1624。由此推断:平谷作为地域地名,得名不会晚于战国初中期。

五是作为自然地名之平谷,其地望极可能位于今平谷城区东北 6 千米左右的城子庄,即今城关镇东北大小北关村南。考《水经注·鲍丘水》:北魏时平谷县有西汉故城及东汉故城[9]341。清康熙《平谷县志》载:汉平谷故城在今平谷东北十二里城子庄。民国《平谷县志》亦载:故县城"在县西北十二里,即城子庄"。今大北关村偏西南,杜辛村东北,发现商代居住遗址;又发现汉代瓦砾,共和国《平谷文物志》有详载。由此推断这一带,先秦之前至少是一处大聚落城邑;亦可能是汉代平谷县城遗址。平谷地域地名,最早应在这一带。

六是两汉后,平谷县人口不多,县邑不大。民国《平谷县志·社会志》载:"旧志户五百五十一户,口二千四百五十口,明季实存人丁五千四百四十四丁。"又记:"民国十一年(1922)清查户口总数:户一万零五百二十八户。口五万七千四百九十九口。"而今平谷镇,自古有名。该镇位于平谷区南部、洵河北侧,为区治驻地,2001 年,面积 29 平方千米,人口 8.5 万;其中,镇区人口 6.9 万。汉为平谷县地,北魏废。唐称大王镇,金为平峪县治,元复为平谷县治[10]774。这一带应是最早的平谷地域地名。

综述其上,笔者有充分理由推断:先秦之前,平谷已称名;其地望当在今平谷镇一带。

西周初,平谷县境域属燕国,沿至春秋战国,皆为燕国所辖。战国末属渔阳郡。秦袭燕制,属渔阳郡。西汉高祖十二年(前 195)置平谷县后,历东汉属幽州渔阳郡。西汉末,原在古北口为渔阳郡所辖之滑盐县,曾迁治于平谷县西,治北城子。东汉明帝改名盐田县,后废入平谷县。三国魏废渔阳郡,平谷县属幽州燕国(治蓟,今北京市),西晋废平谷入燕国潞县[1]1299。《水经注·鲍丘水》:"大榆河又东南出峡,经安州旧渔阳郡之滑盐县南,左右合县之北溪水,水出县北广长堑南,大和中,掘此以防北狄。其水南流经滑盐县故城东,王莽更名匡德也,汉明帝改曰盐田,右承治，世谓之斛盐城，西北去御夷镇二百里。"[9]369

滑盐。滑，古今文多指光溜之义。盐，多指食盐。滑盐，谓之出产盐的地方，设县以此为名。《辽史·食货志下》："盐笧之法，则自太祖以所得汉民数多，即八部中分古汉城别为一部治之。城在炭山南，有盐池之利，即后魏滑盐县也，八部皆取食之。及征幽、蓟还，次于鹤刺泺，命取盐给军。自后泺中盐益多，上下足用。"[11]

由此可知，滑盐县以"盐池"之利而得名，且分"古汉城另一部"居民与原地居民，置县辖之。改名为盐田县，是因为平谷县城左有"斛盐城"，故名。斛盐城，何时所筑，难以稽考。不过，《魏书·常景传》载：孝昌二年（526）杜洛周反于燕州，"俄而安州石离、冗城、斛盐三戍兵反，结洛周，有众二万余落，自松岍赴贼"[12]。这表明在今河北滦平县南，北魏时设有"斛盐戍"，盐田县名应源于此。

西晋废平谷县入潞县，属燕国。十六国后赵复置平谷县，县治今通县（通州区）北小营附近。前燕、前秦、后燕国因之，县属幽州燕国或燕郡[2]55。北魏太平真君七年（446），撤平谷入潞县，金大定二十七年（1187）置平峪县，治大王镇（今平谷区平谷镇），属蓟州。元至元二年（1265），废入渔阳县。至元十三年（1276），改为平谷县[10]781。

平峪。平，为平坦之义。峪，古今文中多指山谷。元代王恽《沁水道中》诗："苍巅互出缩，峪势曲走蛇。"由此得知，"峪"字创于宋。平峪即平谷。

平峪县设置，当与金世宗完颜雍治水患相关。

《金史·本纪第八·世宗下》载：金大定二十六年（1186），尚书省奏"'年前以诸路水旱，于军民地土二十一万余顷内，拟免税四十九万余石'，从之"。可见前一年国内水旱频发。同年"戊子，卢沟决于上阳村，湍流成河，遂因之"。"甲午，诏增河防军数。""比闻河水泛溢，民罹其害者赀产皆空。"二十七年（1187）尚书省言，"'孟家山金口闸下视都城百四十余尺，恐暴水为害，请闭之'。上从之"。

孟家山，为今北京石景山或西北鬼子山。其时卢沟水与洵水（沽水上游支流）东北互对，不属同一河源。据《水经注·鲍丘水》载："沟水又左合盘山水，水出山上，其山峻险，人迹罕至，去山三十许里，望山上水，可高二十余里。素湍皓然，颓波历溪，沿流而下，自西北转注于沟水。沟水又东南径平谷县故城，东南与泃河会……"[9]341金朝在水患之年，为拱卫中都（今北京），在四周边重置县，治水安境为民，势为必然。于是于金大定二十七年（1187），置平峪县。

大王镇。"唐设平谷为大王镇，属檀州密云县"，为唐代北边七镇之一。但"属檀州密云县"[2]56，值得商榷。

大王镇设于何时？1984年8月在平谷旧城塔儿胡同施工时发现《大王镇罗汉院八大灵塔记》碑。此碑于辽重熙十一年（1042）七月立。由此可证：辽时平谷地区仍为大王镇。《旧唐书·李德裕传》："洎刘悟作镇，长庆中颇亦自专。属敬宗因循，遂许从谏继袭。"[13]从此记载看，唐中期北方设有七镇，始于长庆年间（821—824）。

唐会昌元年（841），雄武军史吴仲舒入京师谓宰相李德裕曰：幽州粮食皆在妫州及北边大王、北来、保要、鹿固、赤城、邀房、石子䃅镇[10]121。其时北方七镇，已不同于魏晋时期北方七藩镇。六镇起义后，北边诸镇改为州，以刺史、太守统辖，多为武将。唐初，镇戍的权力缩减，《新唐书·兵志》："唐初，兵之戍边者，大曰军，小曰守捉，曰城，曰镇。而总之者曰道。"[14]镇将只掌防戍守御，品秩与县令同，但不治县内行政[15]。

由此可见，唐中期北方七镇之一的大王镇，是驻有重兵的军事要地，其守镇为镇将，至少与县令同级，不存在"属檀州密云县"管辖。当然，大王镇驻军之外的乡村，可能属密云县辖。其时，是否另设大王镇乡，无考。

境内历史悠久，文化深厚。夏属北迁共工氏方国，商属山戎方国，周属燕国，秦属渔阳郡平谷邑。西汉置平谷县，金置平峪县，元并入渔阳县，后又复置为平谷县。明洪武九年（1376），属北平府蓟州。清乾隆八年（1743），属顺天府。民国时期，归属多变。自汉初设县后，县名两改，县域累调，县治数迁，归属随朝代更替而变更$^{[2]55-65}$。1950 年区划调整后，始成现域。1958 年 10 月由河北省划归北京市。2001 年改县为平谷区。

境内北、东、南三向边境，山势合围，中为平原，西留缺口。山地、丘陵、平原交错，气候温润，资源丰富。交通顺畅。农业盛产麦、玉米、水果；工业渐兴。有上宅文化遗址，石林峡、青龙山、金海湖、丫髻山碧霞元君祠、文峰塔、京东大溶洞、湖洞水、老象峰、老泉山等名胜古迹。今游者四时不绝$^{[10]774}$。

参考文献：

[1] 班固. 汉书 [M]. 北京：中华书局，1999.

[2] 平谷县志 [M]. 北京：北京出版社，2001.

[3] 平谷区文化委员会. 平谷县历史 [N]. 平谷报，2018 - 02 - 17.

[4] 汉语大字典（缩印本）[M]. 武汉：湖北辞书出版社，1997.

[5] 王丹. 北京平谷刘家河商代墓葬研究 [D]. 北京：首都师范大学，2008.

[6] 胡原宣，胡振宇. 殷商史 [M]. 上海：上海人民出版社，2008：42 - 43.

[7] 陈戍国. 春秋左传校注（上）[M]. 长沙：岳麓书社，2006：241.

[8] 魏昌. 楚国史 [M]. 武汉：武汉出版社，1996：159.

[9] 陈桥驿. 水经注校证 [M]. 北京：中华书局，2011.

[10] 中国古今地名大词典 [M]. 上海：上海辞书出版社，2010.

[11] 脱脱. 辽史 [M]. 北京：中华书局，1999：569.

[12] 魏收. 魏书 [M]. 北京：中华书局，1999：1220.

[13] 刘昫：旧唐书 [M]. 北京：中华书局，1999：3080.

[14] 欧阳修，宋祁. 新唐书 [M]. 北京：中华书局，1999：870.

[15] 彭雪开. 安仁地名源流考 [A]. 湖南工业大学地名历史文化研究院内部文稿，2012：8 - 10.

通　州

通州境域，历史悠久，新石器时代就有人类居住活动[1]1。传为高阳氏颛顼帝都畿之域，唐尧时属冀州，虞舜时属幽州，夏商时为冀州之地[2]。周武王克商，封召公奭于北燕，立都于今北京市房山区董家林西周古城遗址处。又据《史记·周本纪》及《礼记·乐记》载：武王克殷返商未及下车，而封帝尧之后于蓟[3]1075。其时，今通州境域当属之。战国时燕庄公二十八年（前663），燕灭蓟，迁都上都蓟，占蓟国之旧都蓟扩建而为燕都蓟城[4]。

秦灭燕，境域属渔阳郡。西汉初置路县。自此后历有潞县、潞阴、通州、潞州、通县之称，皆有历史文化渊源可考。今择路、潞、潞阴、通州地名，作重点考释。

路。《汉书·地理志第八下》载有路县。西汉高祖十二年（前195）置路县，以水路、陆路交通便利之义为名，属渔阳郡，治今北京市通州区治东8里古城村[1]9。

路，何以得名？路，道路。《周礼·地官司徒·遂人》："浍上有道，万夫有川，川上有路。"郑玄之注"道容二轨，路容三轨。"说明"路"比"道"要宽。《韩非子·大体》："故车马不疲弊于远路，旌旗不乱乎大泽……"《玉篇·足部》："路，道路，途也。"皆指道路之义。后多引申为水路、陆路之义，实指交通状况。

路，何时得名，难以稽考。但从《周礼·地官司徒·遂人》所载看：周朝已设有地官司徒之职，"掌邦之野。以土地之图经田野，造县鄙，形体之法"[5]。实际上遂人为朝廷命官，专门分管巡行五县范围内的土地规划及道路规划与县、鄙都邑建设。其时，"路"作为封建邦国、土地之间的界线，以及县、鄙之间的通道，便已得名。

路县之设，与地势交通状况密切相关。今通州境内，地势阔坦，多河富水，自古是连通北京与冀东、津西的交通枢纽，历有北京门户、"畿辅重镇"之誉。早在秦汉时，这一带有大量人口居住。明代《通州志略》载：通州"上拱京阙，下控天津，潞，浑（今凉水河），二水夹会于东南，幽燕诸山雄峙于西北，地博大而爽垲，势雄伟而广平，实水陆要会，为畿辅之咽喉，舟车之辐辏，冠盖之往来"。实京、津、冀水陆要津。

今通州境域，自古是西出蒙古高原，北上辽东及东北，南下津、冀南的交通战略节点。有关史料载：公元前 21 世纪，中原处于夏朝时代，东北部落，多处氏族社会末期及青铜时代。其时，肃慎、鸟夷（即岛夷）、屠何、孤竹等方国，常向中原王朝进贡方物。至周武王灭纣后，《尚书》载："武王既伐东夷，肃慎来贺。"《竹书纪年》《山海经》《国语·鲁语下》均有"肃慎"来贺之载。据考证：肃慎、岛夷、孤竹、令支等小方国，通过卢龙古道必经今通州、北京城，向周都镐京（今陕西西安市），进贡方物。

齐桓公二十三年（前 663），齐助北燕伐山戎，至于孤竹（今河北卢龙县）而还。后北燕设置辽东郡、辽西郡。前者郡治襄平（今辽宁辽阳市）；后者郡治阳乐（今辽宁义县城南）。燕国都燕蓟城，与辽东郡、辽西郡的邮驿、交往，必经今通州走卢龙古道东支。

秦灭六国初，分天下三十六郡，后随边境开发及郡治调整共有四十六郡[6]。其中有辽西郡（前 225 年重建）、辽东郡（前 222 年重建），并修筑郡与郡之间标准驰道。秦始皇三十二年（前 215），"始皇之碣石。使燕人卢生求羡门、高誓，刻碣石门"[3]179。秦二世元年（前 209）"春，二世东巡郡县，李斯从。到碣石、并海，南至会稽，而尽刻始皇所立刻石……遂至辽东而还"[3]189。

这表明秦始皇父子都曾临碣石。今通州有秦驰道，东通辽西、辽东两郡，驰道边有秦置驿站。该驿站又有驰道通向东方、南方，可谓之大路迢迢。这应是"路"县得名的依据。

此"路"，当为交通要道之名，亦可能为驿路之名，得名约在周武王灭殷商"封邦建国"之时。亦不排除春秋时为军邑名，战国时为县邑名。

此后此"路"作为地域名，久存不衰；直至汉初置路县，以"路"为名。

潞。《后汉书·郡国五》载：渔阳郡。秦置，有"九城"。其中有渔阳、狐奴、潞等9县[7]。"九城"即九个县城，实指九个县域。王莽改潞县为"通路亭"。公元25年，东汉王朝废王莽新朝所改，复西汉旧称，又改路县为潞县，县治今通州区治东古城村。北齐为渔阳郡治，唐为玄州治。五代徙治今北京市通州区治，名潞城。金天德三年（1151）置通州，为州治。元因袭之。明洪武初省潞县入通州[8]2577。

潞，古今又多作水名。《周礼·夏官·职方氏》："河内曰冀州……其浸汾、潞。"古称今山西省浊漳河为潞水。《水经注·浊漳水》《读史方舆纪要·山西四·潞安府》皆载"潞县""潞水"之名。以上潞水即浊漳水。后亦指潞河，即今北京通州区以下的北运河（白河、潮白河）[9]。

路县何以改称为潞县？当与东汉时水路交通大运河改善相关。

周敬王十四年（前506），吴王阖闾伐楚，命伍子胥开堰渎运粮，把太湖与长江沟通。周敬王三十四年（前486），据《左传·哀公九年》载："秋，吴城邗，沟通江、淮。"[10]周敬王三十八年（前482），夫差率北师，与晋侯会盟于济水岸边的黄池。从此江淮与中原由运河沟通。战国中期，魏国开凿大沟与鸿沟，引黄入鸿沟，在河淮平原上形成鸿沟水运系统。

东汉末，曹操开凿平虏渠之前，呼沱河（今滹沱河）、泒水（上游即今大沙河，下游相当于今大清河至海口段），是重要运粮水道。平虏渠开通后，清河、呼沱河、泒水互相连通，终于形成中国大运河最北段北运河（潞）水系。北运河水系，源自军都山（今北京昌平区军都山），全长238千米，流域面积5300平方千米。今北运河、潮白河与蓟运河，三位一体联系紧密；而东汉初今潮白河，曾是今北京城的漕运主航道。

由上述可知，今通州在东汉初，是通往东北的卢龙主道，而流经通州的潮白河，又是通往京师（今洛阳）及广阳郡治（今北京古城）的漕运主道。故置县时，以潞水名县。潞河得名，约在西汉末东汉初[8]3276。

潞阴。辽太平年间（1021—1031），《潞阴县志》载：潞阴县本是汉朝泉州县地，辽太平中置镇于潞阴村，"析路县、泉州（今天津武清区）地置潞阴县"。《读史方舆纪要》载：因县邑处潞河（今凉水河）南，故名。所经潞城之潞河称潞河。治今北京市通州区东南潞县镇；辖今通州区张家湾南、河西务北 48 个村庄。

潞，河流名，后引申四周环水之村邑为潞。其行政建置得名，当与辽朝皇家"捺钵文化"密切相关。

潞阴，原名霍村。因汉初有霍姓大聚落而得名。其境域汉为泉州县地，魏属雍奴县地，唐属武清县地，位于雍奴薮北部东畔。辽代雍奴薮演化为若干湖沼、岛屿。村西延芳淀，水面辽阔，霍村因辽朝有"捺钵文化"而始兴。

"捺钵"为契丹语，意为行营、行宫。作为一种习俗文化，是指在一年之中，辽帝与契丹游牧习俗相关射猎等活动[11]。

辽初，潞阴县地域内延芳湿地，方圆百里。春秋两季，候鸟常在沼泽水面或塘里歇足、捕食。辽朝，便将其设为皇家苑囿，先后建宫立苑；形成北京最早的皇家园林建筑群。到了元代又修建了柳林行宫。

五代后唐，石敬瑭将燕云十六州献于契丹，契丹以今北京为陪都，称南京。今北京及周边地域的经济、政治、文化地位突显。其时，霍村处于北方与南方政权对峙的前沿阵地，加上在京东南有广阔水域作为军事及运输屏障，地位更加重要。于是霍村升为镇，因位于潞河之南，故称潞阴镇。霍与潞可能为一音之转。霍村人将其四边环水之聚落中一条河，称为潞河。潞阴镇处于延芳淀岸畔，且历史文化悠久深厚，便成了辽朝皇家"捺钵"文化的最佳选择地。辽太平年间（1021—1031），潞阴镇升为潞阴县。

金朝建立后，延续辽朝及"捺钵"文化，并以延芳淀为基地，训练水军。《元史·兵志四》："冬春之交，天子或亲幸近郊，纵鹰隼搏击，以为游豫之度，谓之放飞。"[12]1725 即帝王在侍臣侍卫等拥簇下，到湖沼放飞鹰隼擒杀天鹅、大雁等的狩猎活动。

其时，在延芳淀放飞泊西边 3 千米，有柳林镇，因地势优越，又位于皇家游猎玩乐之地，至元十三年（1276），潞阴县由此升为州，州治柳林镇。香河、武清二县部分地属之。一年后因大运河工程之需，州治迁入白河（今北运河）西岸河西务。为了皇家游猎之需，又在柳林镇修筑柳林行宫。元至正初（1341），潞州州治又迁至潞阴镇东北，县、州同治。

潞阴县，辽属析津府。金、元属大兴府。至元十三年（1276）升为潞州[12]905。明降为潞县。清废。

通州，金天德三年（1151），于潞县治置通州。《金史·志第五·地理上》载：中都路大兴府"通州，下，刺史。天德三年升潞县置，以三河隶焉"。辖潞、三河两县[13]。

通州，何以为名？通，到达、交往。《国语·晋语二》："道远难通，望大难走。"《周礼·考工记·序》："通四方之珍异以资之，谓之商旅。"《说文·辵部》："通，达也。"州，古通洲。亦指行政区划名，历代辖境不一。元、明、清时，皆指县以上行政区划为州。明《元史·地理志》：通州"取漕运通济之义"。故名[12]905。

通州得名，当与地理交通优势及漕运有关。

通州位于"北京湾"的东南，华北平原东部，平均海拔20余米，地势平坦辽阔，河流交错，归流北海，自古皆为今北京通往东北、东方、南方战略要冲。民谚曰："南通州，北通州。南北通州通南北。"道出水运漕运便利的交通优势。

春秋战国时，这儿有不少村落，人类活动频繁。战国时北燕经此有驿路通往辽东、辽西郡。秦筑驰道经此通辽东郡郡治襄平（今辽宁省辽阳市）。汉初置路县，有大量人口居住。隋炀帝大业四年（608），用兵高丽，凿通自洛阳过天津直抵蓟城（今北京市老城区）的永济渠，并与此前通济渠贯通，大运河由此沟通南北水系，通州由此形成四通八达、水陆交汇的要会之都，成为海上丝绸之路的重要输送通道。自此后通州有"十通"之誉[14]。

综上所述：通州实由地理交通优势及漕运而兴，是名副其实的"水陆之要会"。

明初降潞州为潞县，属顺天府。清顺治十六年（1659），省入通州。

民国二年（1913），改州为县，始称通县，后县名不易，县域略调，归属多变。1949 年设通州镇，属河北省。1953 年，改设通州市。1958 年由河北省划入北京市为区，1960 年复称县，1997 年改设通州区[8]2579。

境内地势优越，水陆交通便捷。盛产小麦、玉米、稻，尤以西瓜盛名。工业多机械、建材、化工、酿造等企业。有特产大顺斋糖火烧。有永通桥（八里桥）、燃灯佛塔、清真寺、李贽墓、中西仓遗址等古迹。

参考文献：

[1] 通县志．[M]．北京：北京出版社，2003．

[2] 刘宗永，校点．通州志略[M]．北京：中国书店，2007.10．

[3] 司马迁．史记[M]．北京：中华书局，1999．

[4] 彭雪开，王殿彬．北京地名源流考[J]．湖南工业大学学报（社会科学版），2019，24（2）．

[5] 陈戍国，点校．周礼·仪礼·礼记[M]．长沙：岳麓书社，1989：48．

[6] 林剑鸣．秦汉史[M]．上海：上海人民出版社，2008：100．

[7] 范晔．后汉书[M]．北京：中华书局，1999：2407．

[8] 中国古今地名大词典[M]．上海：上海辞书出版社，2010．

[9] 汉语大字典[M]．武汉：湖北辞书出版社，1997：731．

[10] 陈戍国．春秋左传校注（下）[M]．长沙：岳麓书院 2006：1273．

[11] 赵健彤．神秘的辽代捺钵文化[EB/OL]．[2019 - 01 - 30] http：www. news. cn.

[12] 宋濂．元史[M]．北京：中华书局，1999．

[13] 脱脱．金史[M]．北京：中华书局，1999：378．

[14] 郭京宁．通州十"通"优势何在？"通"在何处？[N]．北京日报，2018 - 11 - 01．

怀　柔

怀柔历史悠久。新中国成立后,县内出土了旧石器遗物及新石器晚期遗存。县城出土的陶盆等夏、商代遗物,是和夏家店文化同期的古文化遗存[1]2。

怀柔境域,上古传说时代,当属尧时幽州境域(非政区)。《尚书·尧典》《史记·五帝本纪》皆有明载:今北京最早称名为幽州、幽都、幽陵。其得名当与天文官和叔驻邑有关。《北京地名源流考》认为:亦与共工氏北迁密切相关。先秦文献及北京地区及怀柔境内出土文物双重确证:《史记·五帝本纪》载帝尧"申命和叔,宅朔方,曰幽都"、"于是舜归而言于帝,请流共工于幽陵"有充分依据,当为史实[2]。

殷商时,怀柔境域当属郾、京(蓟)之域。周武王克商及成王封召公奭之子克于燕(郾)之前,今北京地区已存在殷商小方国。

其一,发现相关文化遗址。北京平谷区大兴庄镇北埝头文化遗址,发现新石器时代人类居住遗存,出土陶器有圈足碗、深腹罐和石磨盘、石磨棒、石刀、石斧及部分细石器等。距今8000~6000年[3]。昌平雪山文化遗址二期文化遗存中,发现3座半地穴式房址,距今4100~4000年,属新石器时代晚期原始聚落。该遗址另有青铜时代三期文化,即"夏家店下层文化"遗存。该文化遗存,当属北方文化系统。表明其时中原文化与北方文化有交融现象。之后殷商文化势力久占主体地位。

相传炎黄大战,黄帝得胜后,乃封禺京于幽州,为禺京部落小方国,故号为京。遗憾的是至今未发现新石器时代、青铜时代乃至商周早期重要文化遗存,但不能因此否认上古时京人方国之存在。有学者考证认为,因永定河与其支流多次移道冲积,致使聚落邑深埋于淤泥之下。因京人经济社会发展,后遭北方戎族迫压,都邑常迁。雪山"夏家店下层文化",以及平谷刘家河商代遗址,或为夏、商时期(中期)京人活动中心或都邑所在。

商代中期以后,京人活动中心始迁移到永定河洪积冲积扇上,因族居在巨蓟丘岗上,故京人转名为蓟人,筑城邑于蓟丘之上,故曰"蓟丘",为臣服于商之方国。《水经注·㶟水》:"蓟县,今城内西北隅有蓟丘,因丘以名邑也。"蓟城应在今北京市广安门外以南地区,为西周之蓟都沿用[4]。

今北京顺义区牛栏山金牛村发现一座西周贵族墓,其出土铜器上多有"叀"字,有学者考证:古叀通蓟[5]。不过,蓟字出现约在春秋初。甲骨文中有"京"字,故东周之前,"蓟""京"互通可知。由此推断,蓟丘邑古名京丘邑,乃为黄帝之子禺京后裔京人所立。

其二,古文献有载。《左传·昭公九年》:"及武王克商……肃慎、燕、亳、吾北土也。"有学者认为:匽(燕)、亳,皆为殷商小国,周武王灭殷,又臣服于周[6]。说明殷商时北方有方国"匽"。陈璋圆壶铭的出土,也从另一角度证实:齐宣王五年(前315)齐伐匽(燕)为史实。匽(燕)早在殷商时已存在。后筑城邑为都,转称为郾。《山海经·大荒东经》:"黄帝生禺猇,禺猇生禺京。禺京处北海。禺猇处东海,是惟海神。"[7]《史记·周本纪》及《礼记·乐记》均载:武王克商,封"帝尧之后于蓟""黄帝之后于蓟"。因按《史记·五帝本纪》载:帝尧乃黄帝之玄孙,实为一事。殷商甲骨文中有"燕"字,字如燕状。燕为玄鸟,训而为幽。

其三,周武王克商时,蓟人方国可能助周伐殷纣,立有大功。故"武王追思先圣王,乃褒封神农之后于焦,黄帝之后于祝,帝尧之后于蓟,帝舜之后于陈,大禹之后于杞"[8]。文中"蓟"当为"京",后刻写为"叀",春秋前才转写为"蓟"。《怀柔县志·大事记》:"商时,怀柔属燕亳方国,西周时属召公奭燕地范围。"这大体有据。不过,应表述为:今怀柔境域商代属郾、京(叀)方国之地。武王去世后,武庚作乱,《逸周书·作雒》载:武庚"北奔",太保召公率军北伐到达燕地(郾地)。《小臣𫊭鼎铭》载:"召公埶(艺)燕。"周成王因召公之功,《克盉·克罍铭文》载"令克侯于燕"。太保是成王时召公之官职。北京市房山区琉璃河遗址发现，确记"令克侯于燕"为史实。自此后燕、蓟同为周之封国。

燕昭王时期（前311—前279），燕国始置渔阳郡。

渔阳。渔，捕鱼。《周易·系辞下》："作结绳而为网罟，以佃以渔。"《吕氏春秋·决胜》载："譬之若渔深渊，其得鱼也大。"皆释为此义。阳，向日为阳；古人认为"山南水北为阳"。《水经注·卷十四》载：渔阳，因在渔水之北而得名。

燕庄公二十八年（前663），山戎伐燕，燕求救于齐，齐伐山戎救燕，"至于孤竹而还"。燕灭孤竹、令支两小国，占其地而成北方诸侯之长；国都迁于原蓟国蓟城附近上都蓟（今北京市广安门护城河一带）。迁都前，灭蓟国为燕境，占蓟城扩建为燕蓟城，称燕蓟。驻治于此150余年。这一时期，北燕开始向冀北、辽西一带扩张，今怀柔境域，当为燕辖。极有可能于此设渔阳驻军邑或都（县）邑。

燕昭王时期，燕国始成战国七雄之一。《史记·匈奴列传第五十》载："燕有贤将秦开，为质于胡，胡甚信之。归而袭破走东胡，东胡却千余里。"燕于怀柔、密云等境内置渔阳等五郡。渔阳郡，当在渔阳驻军邑或都（县）邑基础上设置，渔阳郡治与军邑或都邑，可能同城而治。其时，今怀柔境域，当属燕渔阳郡渔阳都（县）。

秦始皇二十六年（前221），灭六国而一统，置三十六郡。仍置渔阳、上谷等五郡。渔阳郡辖3县，郡治、县治，同治于今怀柔区梨园庄城子地。两汉因袭之。

王莽始建国元年（9年），王莽改制，首从政区地名始[9]3036。遂改渔阳郡为通路郡，渔阳县为得渔县。可能因西汉渔阳郡置路县，王莽遂改渔阳郡为通路郡，复其古名；又因境内河流众多捕鱼者亦多，故改之为得渔县。西汉末，王莽改制失败，国内义军蜂起，王莽为乱兵所杀。东汉建武元年（25），刘秀复渔阳郡郡、县原名，治原址。今怀柔境域仍属渔阳县。

晋代，渔阳郡、县俱废。今怀柔境域分属安乐、昌平、狐奴诸县。十六国北魏天兴元年（398），又复渔阳郡、县，仍治原址。

　　隋大业十二年（616），在无终（今天津蓟州区）置渔阳郡、渔阳县，筑城同治；原渔阳郡郡、县治撤废。

　　唐开元四年（716），置怀柔县，属归顺州。怀柔地名，始载国史、地志。

　　怀柔，何以为名？怀，古今文中多指想念、依附。《诗经·周南·卷耳》："嗟我怀人，真彼周行。"《管子·立政》："民不怀其产，国之危也。"《汉书·息夫躬传》："中国常以威信怀伏夷狄。"[9]1679 柔，木质软和；后多引申温和、温软、安抚之义。《管子·四时》："柔风甘雨乃至。"尹知章注："柔，和也。"《公羊传·昭公二十五年》："且夫牛马维娄，委己者，而柔焉。"何休注："柔，顺。"《尚书·尧典》："柔远能迩，惇德允元。"孔传："柔，安。"怀柔，有依附、安抚之义，概取"怀远以德"义，故名。为祈愿地名。

　　怀柔县之设，当与唐玄宗李隆基治政有关。

　　《新唐书·本纪第五》记载：李隆基"性英武，善骑射，通音律、历象之学"。治政之初，重用忠良，贬斥奸臣，大裁冗官，昭雪冤案，颇有新政气象；又兴修水利，开垦土地，发展农业生产，重视教育、文化、科技；中外交往频繁，各族关系密切，社会比较稳定。如开元三年（715）"四月庚申，突厥部三姓葛逻禄来附"。开元四年"八月辛未，奚、契丹降"[10]。这表明大唐盛世顶峰时期，能妥善处理好中原王朝与周边少数民族的关系。史称"开元盛世"，并非虚语。开元中叶"安史之乱"后，唐王朝每况愈下，终于走向衰亡。

　　唐开元四年（716），契丹松漠府弹汗州部落归附唐朝。安置在桃谷山（今怀柔区庙城镇桃山一带），并置怀柔县辖之；又改弹汗州为归顺州，县、州治今顺义区治。今怀柔区庙城镇一带属之。

　　唐开元二十五年（737），辽西粟末靺鞨族数千人，迁居桃谷山定居农牧，唐王朝于此再置辽西县辖之，县治今顺义区西北；为羁縻归化州辖。天宝元年（742），归化郡属幽州。乾元元年（758），复归化州辖。唐末至辽为顺州治（今顺义区）。五代晋废；亦云建中二年（781）后废[11]870。

金明昌元年（1190），改温阳县，仍为顺州治。元废县[11]1581。

以上"怀柔""归化""顺州"政区地名，皆为祈望地名，反映了大唐盛世，处理少数民族关系的文治武功，蕴含一定区划地名价值取向。

五代十国时期至元代，今怀柔境域，归入契丹统治范围。

明洪武元年（1368）十一月，怀柔县省入檀州；十二月复划密高、昌平二县地域，复置怀柔县（亦云洪武十三年复置），迁治今怀柔县治（怀柔镇），属北平府。《日下旧闻考》云："虽取古名，实非旧地。"故怀柔县名，实为唐时古怀柔县名，为移借地名。清属顺天府。自明清后，县名未改，县治未迁，县域略调，归属随政区变更而更属。1958年终属北京市。2001年改县为怀柔区。

境内山地遍布，南部为小平原，气候湿润，交通便捷。富有农产，尤以板栗、核桃闻名于世。工业发展良好。科教文卫体事业渐兴。境内各类旅游资源58处，其中自然旅游资源32处，人文旅游资源26处；尤以慕田峪长城、雁栖湖、红螺寺等古迹，逗游者喜爱，常年游者众多，渐成旅游业大区（县）[1]5。

参考文献：

［1］怀柔县志［M］.北京：北京出版社，1997.

［2］彭雪开，王殿彬.北京地名源流考［J］.湖南工业大学学报（社会科学版），2019，24（2）.

［3］北埝头遗址［N］.北京市平谷区政府网，2014－07－21.

［4］韩光辉.蓟聚落起源与蓟城兴起［J］.中国历史地理论丛，1998（1）.

［5］葛英会.燕国的部落及部落联合［J］.北京文物与考古，1983（1）.

［6］林沄."燕亳"和"燕亳邦"小议［J］.史学集刊，1994（2）.

［7］叶舟.山海经全书［M］.呼和浩特：内蒙古人民出版社，2010：282.

［8］司马迁.史记［M］.北京：中华书局，1999：1075.

［9］班固.汉书［M］.北京：中华书局，1999.

［10］欧阳修，宋祁.新唐书［M］.北京：中华书局，1999：78－79.

［11］中国古今地名大词典［M］.上海：上海辞书出版社，2010.

石景山

石景山区境，新石器时代有人类活动。《尚书·尧典》载：帝尧"流共工于幽州"。《史记·五帝本纪》载："于是舜归而言于帝，请流共工于幽陵。"[1]22此后当为共工氏后裔所辖之域。殷代当为殷方国所辖之域。有史载以来，至民国末皆无建置，分别属于蓟国、燕国、广平县、幽都县、宛平县、北平特别市郊五区。

1948年12月21日，中国共产党北平市军事管制委员会设北平市第二十七区，乃为独立建置之始。后分别更名为北平市第十九区、第十五区。1952年8月27日，又更名为石景山区。1958年5月3日，撤销建制，1967年8月7日又复置，区治由北辛安和平街3号迁于石景山35号[2]558。

设区后，历有第二十七区、第十九区、第十五区、石景山区之称谓，今释其第二十七区、石景山区作初步考释。

第二十七区。序数词区划名。第，字出汉印，释为次第、次序。《左传·哀公十六年》："楚国第，我死，令尹、司马，非胜而谁？"杜预注："第，用士之次弟。"《吕氏春秋·原乱》："乱必有第。"《广雅·释诂三》记载："第，次也。"二、十、七，皆为数词，字皆出甲骨文。二，一加一之和。《周易·系辞上》载："分而为二以象两。"《左传·昭公二十九年》："帝赐之乘龙，河、洛各二。"十，九加一之和。《周易·屯》载："女子贞不字，十年乃字。"孔颖达疏："十者，数之极。"《汉书·律历志上》："数者，一、十、百、千、万也。"七，六加一之和。《诗·豳风·七月》："七月流火，九月授衣。"《周礼·考工记》："攻木之工七。"《玉篇·七部》载："七，数也。"

1949年1月1日，北平市人民民主政府成立。1月在原国民党时期20个区基础上，设32个区。今石景山区设为第二十七区；4月将32个区合为 26 个区；6 月接管任务完成后调整为 20 个区；7 月今石景山区时属第十九区。次年又改称为第十五区、第二十七区、第十九区及第十五区。皆为石景山区建置前之称名[2]61。1952 年 8 月，又将第十五区改称石景山区，以石景山为名[3]718。区治北辛安和平街 3 号。石景山地名，始载国史、地志。

石景山，何以为名？《日下旧闻考》引明万历间《重建石景山玉皇殿碑略》称："京西四十里许山曰石经，又云湿经，亦名石景，燕都第一仙山也。"石景山，始有其名。石，字出甲骨文，字形如石器、石刀，或其他石器。《周易·困》："二、三，困于石，据于蒺藜。"孔颖达疏："石之为物，坚刚而不可入也。"《诗经·小雅·鹤鸣》："他山之石，可以攻玉。"《说文·石部》："石，山石也。"景，景色。曹操《陌上桑》："景，未移，行数千，寿如南山不忘愆。"《后汉书·班固传》曰："岳修贡兮川效珍，吐金景兮歊浮云。"石景山之"景"，当为"经"之转音，其本义内含不彰。山，地面上土石构成的高隆的部分。《尚书·旅獒》："为山九仞，功亏一篑。"《庄子·大宗师》载："夫藏舟于壑，藏山于泽，谓之固矣。"石景山，当为石经山之转音。

石经山转名石景山，有其历史文化渊源。

其一，石经山得名，源于东晋十六国时高僧昙无竭。

据南梁高僧慧蛟（497—554）所著《高僧传·卷三·释昙无竭传》中记载：昙无竭本姓李，幽州黄龙（今北京市朝阳区）人，家贫出家为小沙弥，渐成人常苦读佛经，感佛经残缺不全，乃发宏愿赴西天取经。南朝宋武帝永初元年（420），昙无竭召集同道僧人 25 人，携带供养佛、菩萨幡盖、法器等物，从北燕黄龙城出发，历经西域高昌郡，再经龟兹、沙勒等西域诸国。登葱岭，度雪山，攀绝崖时，仅剩 13 人。后到达今克什米尔和巴基斯坦东部一带达宾国，停留 1 年余，苦读梵文得《观世音受记经》一部，又继续西行。到达月氏国，礼拜了佛肉髻骨（即佛头骨）。再入北印度檀特山南石榴寺，坐受大戒，从师天竺（古印度）禅师佛伦多罗。后又南往中天竺行进，以石蜜充饥，同行僧人 8 人，饿死坐化，剩昙无竭 5 人继续到达舍卫国（中印度古王国名）。其间，先后遇野象、野牛奔袭，皆诵经化险为夷。后遍访名师。数年"后于南天竺随舶泛海达广州"。在江南一带弘扬佛法。又有传记称昙无竭"往来宛平西山诸寺"。如此载属实，这表明昙无竭栖身得奉佛地，极可能在石景山上。这儿有唐代石佛造像，有晾经台、藏经洞、石室瘗窟群及唐僧取经之传说。明《顺天府志》卷十一"石释经碑"条目载："碑在城西南三十五里山洞内石板上，刻释教经文者三十余处，今皆毁踣，唯般若序品一存焉。"这些石经极有可能为昙无竭所刻。

其二，其得名亦与唐卢龙节度使刘总密切相关。

《新唐书》列传卷一百三十七上说刘总："总性阴贼，尤险谲，已毒父，即领军政，朝廷不知其奸，故诏嗣节度，封楚国公，累进检校司空。"因毒父杀兄，"总失支助，大恐，谋自安。又数见父兄为祟，乃衣食浮屠数百人，昼夜祈禳，而总憩祠场则暂安，或居卧内，辄惊不能寐。晚年益惨悸，请剔发，衣浮屠服，欲被除之"[4]。《资治通鉴》亦多有详载："卢龙节度使刘总既杀其父兄，心常自疑……则惊悸不敢寐。晚年，恐惧尤甚；亦见河南、北皆从化，已卯，奏乞弃官为僧；仍乞赐钱百万缗以赏将士。"据《北京百家佛寺寻踪》考证：隋、唐代北京建有承恩寺（隋建）、法源寺、宝应寺等18处。其中石景山区就占4处。至于魏晋至清末，今北京市共有佛寺100处[5]。明代许用宾《重修金阁寺添置田亩碑记》载："金阁寺自晋唐以来所藏石经，碎而言断，岩穴鲜有存焉。"可见，石经山刻经藏经史，应不晚于晋代。至唐宪宗时，因卢龙节度使刘总晚年弃官为僧，在石景山大量刻经，助推当时北京地区佛事大兴，当为史实。其时石经山，名显燕京。

其三，石景山当为石经山之转名。

石经山之名，始载元《一统志》卷一："在宛平县西南二十五里石经山洞内，石上刻经文者二十余处。"明《宛署杂记》卷四载："在县西北三十余里玉河乡，呼石经山，以山多石，故云。"后人将房山云居寺的"石经山"与石景山之"石经山"混为一谈，当误。不过，两处皆石上刻佛经藏石经，故均有此称。《元史·河渠志·浑河》记载：延祐三年（1316）三月，"浑河决堤堰，没田禾，军民蒙害，既已奏闻。差官相视，上自石径山金口，下至武清县界旧堤……，省院差官先发军民夫匠万人，兴工以修其要处"。文中"石径山"之"径"，当为"经"字，一音之转。《宛署杂记》载："石景山，在县西北三十余里玉河乡，乱石嵯峨，高出众峰。"明代刘侗《帝京景物略》记载："出阜成门而西二十五里，曰石景山。山故石耳，无景也。"因山多石无景，又多石田，董常侍建元君庙，栖羽士（道士），故以石景山著称。此说难以成立。石景山之名，亦当为石径山之转名。"景""经"同音异义，故其时文人多崇景丽之色，便以一音之转为石景山。清代康熙帝作《石景山东望》等诗，乾隆帝作《石景山初礼惠济祠》等诗。自此后，石景山又被文人称为"燕都第一仙山"，名声日隆，自明万历后至今，不改其名。石景山，海拔 783 米，而梁山海拔 219 米，隔高梁水相峙。今有学者认为石景山称名多达数种，晋代之前，抑或有据，唐代之后多附会无据。而将石景山区之石经山（小石经山），与房山区云居寺石经山，视为同一，更是离题之谈。

石景山区境，有古城村、戾陵堰、八宝山等胜迹，皆有历史文化渊源可考。

古城村。或曰有古城或古邑，后聚落成大村，故名。明万历《宛署杂记》载："道之正西有二道，……曰古城村。"[6]古，时代久远。《韩非子·五蠹》《诗经·邶风·日月》中有此载。城，都邑四周的墙垣。《诗经·邶风·静女》《战国策·东周策》中，皆有此载。村，人们聚居的村庄。杜甫《兵车行》《发阆中》，王维《山中与裴秀才迪书》等诗中有载。

古城村名，应出现在明代之前，否则《宛署杂记》何以记之？具体得名于何时，难以稽考。不过，据相关学者考证认为："名为古城，必有所本。"

古城村极有可能为战国中期以前蓟城所在地。

其一，凡云"古城"者，从目前考古及古文献记载看，皆有城邑。如山东省蓬莱市南有"古城东"村，经考古挖掘证实，古城约建于西周初，至春秋时废。河北省高邑县"古城村"集镇，经考古挖掘证实为汉房子县治。全国有名的"古城镇"村庄、集镇共有 23 处，经考皆有古城遗址[3]670。北京市遗存的"古城"地名，均被考古挖掘证实有古代城址。如：顺义区西南三十里的"古城"，是汉代安乐故城遗址；通州区东八里的"古城"，是西汉渔阳郡路县故城；延庆县东北"古城"，是西汉上谷郡的夷舆县故城；房山区窦店"古城"，是汉代良乡县治所，长沟"古城"为汉代西乡县治。由此推定：今石景山区"古城村"，极可能是古城遗址。

其二，今石景山区古城村，可能为商代小方国京人（蓟人）所建之蓟都。一是《礼记》："武王克殷……封黄帝之后于蓟。"《史记·五帝本纪》："武王追思先圣王，乃褒封神农之后于焦，黄帝之后于祝，帝尧之后于蓟。"《左传·昭公九年》："（武王克商）肃慎、燕、亳，吾北土也。"由此推知，周武王克商时，今北京市一带在商代中末期，有蓟（京、冀）、燕（匽）小方国。二是商末蓟（京）人常受北戎、鬼方部落侵扰，蓟人常迁。平谷刘家河商代遗址，昌平雪山三期"夏家店下层文化"，可证为夏、商时蓟（京、冀）人活动中心，或蓟都所在之遗存[7]。今北京市顺义区牛栏山金牛村，曾出土一座西周贵族墓，出土铜器上多有"冀"字，有学者考证"冀"通"蓟"[8]。后又在今北京市房山区董家林黄土坡出土一大批青铜器礼器，其中有"冀"等氏族徽识的器物，属于当地土著氏族部落的遗存[9]。由此推知，古蓟（京）人常迁。其方国都邑，也应常迁。

其三，"自春秋战国以来，历东汉、北魏至唐，蓟城城址并无变化"。现被战国西汉时期这一带出土文物证实，学术界亦多认同。实际上这是指东周至魏晋时代的蓟城，西周蓟城并没有涉及。

然而，北京文史爱好者认为："前期蓟城位于石景山古城村一带。"其依据是《水经注·㶟水》云："㶟水又东径昌平县故城北，王莽之长昌也。"又引《魏土地记》曰："蓟城东北百四十里有昌平城，城西有昌平河，又东流注湿余水。"今考《魏土地记》著于东汉。东汉昌平故城在今昌平区沙河镇辛立屯村。作者依其《水经注》所载方位及里程推断，北魏时（实际上是东魏时）的"蓟城"在今石景山古城村一带。这有待于进一步考证。

不过，《北京市石景山区志·大事记》亦认为：晋元康五年（295）四月，幽州刺史王浚妻华芳葬于"蓟城西二十里"（今八宝山公墓西半里许，1965 年，施工中发现了确证蓟城位置在此。）作者又引《战国策·燕策二》："（乐毅）乃使人献书报燕惠王曰：'臣奉（先王）令击齐，大胜之。珠宝财宝，尽收入燕。大吕陈于元英，故鼎反于历室，齐器设于甲宁台。蓟丘之植，植于汶篁。'"战国时燕国的宁台、元英、历室在石景山区北辛安及古城村一带[1]5。由此推知，战国燕昭王（前 311—前 279）时，燕国蓟城当在古城村一带，亦燕国王宫所在地，"蓟丘"之名亦当位于此处。并且极可能为殷商时代京人（蓟人）方国都城所在地。

当然，石景山古城村一带，是否为殷商京人（蓟人）方国都城及战国燕昭王时的燕蓟都，还有待于魏晋以前尤其是先秦古文献的进一步梳理，特别是地下文物考古的进一步发现。

古城村，是长安街上最后一个城中村，本地人口 3000 多，外地人口 20000 余。2009 年，古城村作为石景山区区域经济发展和保障性住房建设用地。该村有传承 400 年的花会，称为"秉心圣会"，每年大年初二和农历四月十一日，家家户户以踩高跷表演为荣。现已列入《北京市非物质文化遗产保护名录》。

庆陵堰。三国时，在㶟水（今永定河）上修筑的引水灌溉工程，可灌溉农田百余万亩。汉元凤元年（前 80）九月，燕王刘旦谋反失败自杀，葬于梁山，建庆陵。三国魏齐王嘉平二年（250），镇北将军组织军士，在石景山（石经山）侧㶟水（今永定河）中筑堰，因庆陵在附近，故名。

庆，罪行祸乱。《国语·鲁语上》："大惧殄周公太公之命祀，职贡业事不共而获庆。"《诗经·小雅·节南山》："昊天不惠，降此大庆。"皆为此义。陵，此指王陵（大墓为陵）。因刘旦谋反失败自杀，死后入土，后因名庆陵。堰，挡水的堤坝。北魏杨衒之《洛阳伽蓝记·永明寺》："长分桥西有千金堰。"《水经注·河水》："（元城）县北有沙丘堰。堰，障水也。"庆陵堰，高一丈，东西长 30 余丈，南北宽 70 余步。开车箱渠，以堰拦水入车箱渠，向东流入高梁河，可浇灌 2000 余顷田地。后因地震受损。晋元康五年（295）六月，戾陵堰被洪水冲毁四分之三，朝廷命刘弘（刘靖之子）率将士 2000 人，历时 6 个月修复毕。北魏孝明帝正光二年（521），幽州刺史裴延儁又组织修复后，可灌田百万余亩。民受其惠[1]6。北齐时导高梁水北合易京水（今温榆河支流）灌田；唐代引卢沟水（永定河）开稻田千顷，以上皆属戾陵堰灌区修复工程。金代引浑河（今永定河），开凿金口河以通航运，因坡度过陡，河水含沙太多而失败。元初郭守敬重开金口河使用 30 年。元末又建金口新河，将取水口上移至三家店，结果失败。有学者认为：戾陵堰"兴农济漕泽被后世"，"水浑河迁风光不再"。如今将成为西山永定河文化带重要文化节点[10]。

八宝山，原名黑山。后因附近产耐火石、石灰石、红土、青灰、坩土（耐火黏土）、砂石等八种建筑材料，故名。属西山山脉，地处北京市复兴门外、石景山东部。

八，数词，七加一为八。《左传·襄公三十一年》《汉书·礼乐志》《淮南子·地形训》等中皆有载。宝，珠宝、宝物。《左传·僖公二年》《国语·鲁语上》《论语·阳货》等中皆有载。山，陆地上由土石构成的高耸部分。《周易·说卦》《左传·僖公二十八年》《礼记·月令》等中皆有载。

八宝山为北京西山山前平原的孤丘，海拔约 130 米，山势低缓，呈北东向延伸。八宝山南麓，原有元朝至正间海云和尚所建的灵福寺。明永乐初年，相传司礼太监钢铁修墓于此，旁建延寿寺，后改名褒忠护国寺。终渐成明、清时代高级宦官年老离宫的世代养老地，有寺庙、农田、菜园。

1949 年后，褒忠寺及周边土地被政府征用。1950 年定为北京市革命公墓。1970 年改称北京市八宝山革命公墓，占地 150 亩。近有八宝山殡仪馆，安葬我国已故党和国家领导人，民主党派领导，爱国民主人士，著名科学家、文学家、高级工程技术人员等。北麓建八宝山人民公墓，近有老山公墓和老山骨灰堂，均为普通公墓。八宝山古墓群为全国重点文物保护单位。八宝山革命公墓为北京市文物保护单位。附近现多建高楼群，交通便捷，游人常多。

参考文献：

［1］司马迁. 史记［M］. 北京：中华书局，1999.

［2］北京市石景山区志［M］. 北京：北京出版社，2005.

［3］中国古今地名大词典［M］. 上海：上海辞书出版社，2010.

［4］欧阳修，宋祁. 新唐书［M］. 北京：中华书局，1999：4554.

［5］善无畏，邹育伟. 北京百家佛寺寻踪［M］. 北京：新华出版社，2012：443.

［6］沈榜. 宛署杂记［M］. 北京：北京古籍出版社，2018：27.

［7］韩文辉. 蓟聚落起源及蓟城兴起［J］. 中国历史地理论丛，1998（1）：114.

［8］葛英会. 燕国的部族及部族联合［J］. 北京文物与考古，1983（1）.

［9］北京地区的又一重要考古收获［J］. 考古，1976（1）.

［10］吴文涛. 戾陵堰和车箱渠：深睡历史深处的"北方都江堰"［J］. 前线，2019（11）.

丰 台

　　丰台地域，夏至商末当属冀州、幽州。周初封蓟、燕诸侯国时，当属蓟都近郊；战国时属燕蓟城近郊。秦置蓟县，属之。唐建中年间，析蓟县西部置幽都县。辽开泰元年（1012）改幽都、蓟县为宛平和析津（县），金贞元元年改析津为大兴[1]1。直至清末丰台境域，无县级区划。1949 年 1 月，以宛平县特区和一区之一部，划建为北京市丰台区，区治丰台镇。后历 3 次并区扩调，至 1967 年始成现域[1]1。

　　丰台区设置较晚，皆有历史文化渊源可考。今择其丰台、卢沟桥、花乡、宛平地名，作初步考释。

　　丰台。丰，在甲骨文中，字形像封土成堆，植木其上之状。古今文本义：植物茂盛。《诗经·小雅·湛露》曰："湛湛露斯，在彼丰草。"司马相如的《长门赋》中说："罗丰茸之游树兮，离楼梧而相撑。"《说文·生部》曰："丰，草盛丰丰也。"[2]407不过，在特定语境中又各有其义，多引申为大、丰、多、盛之义。

　　台，高而平的建筑物。《老子》第六十四章："九层之台，起于累土。"《国语·齐语》："昔吾先君襄公筑台以为高位。"《尔雅·释宫》："四方而高曰台。"后亦有数义。丰台，意为花木茂盛的土丘上有建筑物。

　　丰台地名历有三说：一为简称连缀说；二为远风台转名说；三为乾隆推测说。

　　其一，"简称连缀说"无以为据。朱彝尊《日下旧闻》记载：金朝"丰台疑即拜郊台，因门曰丰宜，故曰为丰台云耳。"中国汉语地名，最早源于甲骨文，且多通名，如山、丘、水、川等；也有通名＋专名之例，如"商丘"（今河南商丘市），"洹水"（今河南安阳市洹水），"唐邑"（今山西运城市）等。至此直至如今，汉语地名绝大部分为通名＋专名，一般不超过 3 个汉字。地名简称，自春秋后亦有。但都在官方权定地名、民间自然地名（习惯地名）的基础上简称。如：北京市简称"京"；河北，《禹贡》列为"冀州"，故简称为"冀"。离开权定地名或自然地名而简称，鲜见；而简称后再连缀成名，无。且朱的"简称连缀说"，无文献可考。此说故不可取。

其二，"拜郊台"，与丰台地望不符。金代在今北京市区，立中都为大都，现遗存"辽金城垣"遗址（今辽金城垣博物馆处）。具体地望，大致在今北京市西南二环菜户营桥附近。据考金中都丰宜门，是中都城之南门。出丰宜门，往南八里即为拜郊台。拜郊台是金皇帝敕建的祭天台，因处郊外，故名。明崇祯八年《帝京景物略》首载"丰台"地名。"右安门外十里草桥，方十里皆泉也……草桥去丰台十里，中多亭馆，亭馆多在频圃中。"而拜郊台距草桥 2 里，草桥距丰台 10 里，共 12 里。由此可知，拜郊台绝非丰台。

其三，"远风台转名说"有依据。"丰台"源于"风台"。风台，又称"远风台"。远风台是元代韩御使之别墅，处于丰宜门外西南。韩御使为禹城（今山东禹城市）人。"因乱及此，城南风台为之别墅。"《析津志辑佚·名宦》中载："诸老有诗。"看来其时别墅建造豪华，且居花木繁盛之亭台之中，故文人墨客多咏之。

远风台得名，当与元大都（今北京市古城区）风沙较多有关。于是韩御使在城南郊外花木繁盛处建别墅，远离风沙之害，故名远风台。明代初、中期，简称"风台"，聚落有风台村。明崇祯时期，因有花市、集镇，以一音之转曰"丰台"[3]。此"丰"当有货物满盈之义。

其时，丰台镇，仍在宛平县丰台村内。《北京市丰台区志·街道和乡》载："丰台镇在明代为宛平县，属风台村。清末，由于铁路和车站的修建，定名为丰台。"文中"清末"定名为"丰台"，这不确切，因《帝京景物略》已有"丰台"之称。这一记载，道出了"丰台"源于"风台"地名。这是有历史文化依源之说。事实上朱彝尊之子朱昆田，也并不赞成父亲的说法，而提出"丰台"源于"远风台"。事实证明这是对的。

其四，"风台"，转称"丰台"，有人文实体依据。明万历《宛署杂记·街道》载："县（大兴）之西南，出彰义门曰鸡鹅坊（今丰台区鹅房营）管头村，又二里曰东局村、曰西局村，又二里曰柳巷村（今丰台区六里桥），又二里曰小井村，又五里曰风台村，又二里曰看滩村（今丰台区看丹村）。"[4]其中除个别地名与今不同外，余皆切合。其道路里程，又与《帝京景物略》相一致。

由此可证"风台村"明代已存在，是不争的史实。至于该村其时有多大范围，人口多少，鲜有史料证实。然而，为京郊一大村，且多种花养花专业户，集市多为花市且集镇繁华，鲜花通过批发或零售，以供京城官宦及大富人家消费，当无疑问。

其五，"乾隆推测说"靠不住。乾隆帝不赞同朱彝尊之说，却在《乾隆御制碑》的《丰台作》诗文中注释为："考丰台为京师养花之所，元人园亭多在其地。丰，盖取蕃庑之义，台则指亭台而言尔。"后世国史、地志，皆引乾隆此说。这值得商榷。

无疑丰台之"丰"，多为草木茂盛之义。台，指台亭之类。从这一点看，乾隆推测说，亦有依据。但他没有考察"风台村"的历史。至少在明崇祯之时，"风台村"，以一音之转为"丰台"。其转名依据：一是当地村民种养花卉销售，花农较富；二是因有花市，花贩较多，聚而为市镇，较别处郊外繁华，故集镇上乡贤以"风台"谐音成"丰台"；三是转名后，因符合当地实情，得到花农、贩贾认同；且地名易写易记。之后，渐渐闻名于外，后被官方文献书写为"丰台"。

卢沟桥。亦名芦沟桥，卢，古通芦；芦之本义指芦苇。《诗·豳风·七月》中有载。沟，田间水道或沟渠。《周礼·考工记·匠人》《左传·禧公十九年》均有载。后也指山沟、溪谷[2]477。桥：架于河溪或空中可供人通行的建筑物。

卢沟桥位于区内卢沟桥镇，跨永定河，因永定河昔称卢沟河而得名。金大定二十九年（1189）元月，始建石桥。明昌三年（1192）三月完工。因卢沟河渡口历为南北往来之要津，故又名广利桥。元代改今名。《元史·文宗纪》载有：天历元年（1328），脱脱木儿等"转战至卢沟桥，忽刺台被创，据桥而宿"即此。明清时三次重修。清康熙七年（1668）河溢桥圮，次年重修；乾隆帝题有"卢沟晓月"碑，为"燕京八景"之一。1968 年重修，全长 266.5 米，桥身总宽 9.3 米，桥面宽 7.5 米，共 11 孔，为华北地区最长的古代石拱桥。桥身两旁石栏杆柱上，塑有精雕小石狮485 个（亦云 501 个），神态各异，栩栩如生。1937 年 7 月 7 日，日军攻此侵入桥东旧宛平县城，史称"卢沟桥事变"（亦称"七七事变"），从而爆发中国全面抗战。为全国重点文物保护单位[5]。

花乡。丰台区有花乡之称，今有花乡建置。因历为花业繁兴之地，故名。花，古今文本义：花朵。乡，今释为县、区以下行政区划单位，历代所辖之域，各有所别。《周礼·地官·大司徒》《国语·齐语》中皆有载。

丰台花木种植，兴于金、元，盛于明、清。《帝京景物略》载："右安门外，南十里草桥，方十里，皆泉也。故李唐万福寺，寺废而桥存，泉不减而荇荷盛。"又云："土以泉故宜花，居人遂花为业，都人卖花担，每辰千百，散入都门。"又云"草桥去丰台十里，中多亭馆，亭馆多于水频圃中。"可见明代草桥一带，花业繁兴；尤以黄土岗、草桥一带花业，称盛于京都。[6]因地处永定河洪水冲积扇的脊背一侧，地势平坦，地下多泉，土壤肥沃，水源丰沛，气候适宜，故成花卉胜地。花乡之名而久传。1949年后，孟春之际，有寒梅、山茶、水仙、探春；仲春之际，有桃李、海棠、丁香；季春之时，有牡丹、芍药、攀枝。入夏除石榴花外，皆为名花异草。冬至，南花北养，靠暖房培植，一年四季，花海飘香。夏家胡同一带，现仍以养花为主业，花中尤以芍药为最佳。

宛平，以地势宛然低平而得名。宛，古文中有低洼之义；亦云中央高隆四下低平之地。《诗·陈风·宛丘》有载。平，阔坦。辽开泰元年（1012），以幽都县改名宛平县，治今北京城西南隅；为南京道析津府治。金为大兴府治，明、清为顺天府治。民国二年（1913）宛平县移治卢沟桥。1949 年历 900 余年的河北宛平县，划入北京市，属丰台区。

宛平城，明代称拱北城，清代称拱极城。位于卢沟桥东，全城东西长

640 米，南北宽 320 米，总面积 20.8 万平方米。明崇祯十一年（1638）开建，历 3 年而成，是防御农民起义军进击京师之军营；后有商肆民店，故有拱北城、拱极城之称。1928 年 12 月，宛平县改属河北省，县治迁于拱极城后，改称宛平城。1984 年重修了城墙、城楼、瓮城，现已成旅游胜景。

参考文献：

［1］北京市丰台区志［M］．北京：北京出版社，2001.

［2］古代汉语词典［M］．北京：商务印书馆，2005.

［3］刘侗，于奕正．帝京景物略［M］．北京：故宫出版社，2013.

［4］沈榜．宛署杂记［M］．北京：北京出版社，1982.

［5］中国古今地名大词典［M］．上海：上海辞书出版社，2010：864.

［6］北京地名典［M］．北京：中国文联出版社，2008：516.

东 城

北京市东城区境域，周初属蓟国蓟城。公元前 629 年左右，燕灭蓟，占蓟城为燕都蓟城，属之。春秋战国时，属燕都蓟城东北郊[1]51-52。秦汉至隋唐五代时，历属蓟县（新莽时期曾改为伐戎县，东汉初又复原名）。辽会同元年（938），改属蓟北县。开泰元年（1012），改属析津县。宋属析津县。金贞元二年（1154），改属大兴县。明至清光绪三十一年（1905），因之。之后内城、外城皆属今区辖之域。民国时城郊城内分区辖之。其县、郊区、城区归属，因各朝代区划各异而不同。中华人民共和国成立后，境域区划名称累更，终属北京市[1]10-33。

《北京市东城区志·大事记》载：距今 2.5 万年至 2.4 万年旧石器时代晚期，今王府井大街南段至东单北大街一带，有古人类活动。尧、舜、禹时代，属幽州（幽陵），后属冀州，传为北迁共工后裔所辖之域。商属土方、亳、孤竹方国之域，后多属黄帝之孙禺京及后裔京（蓟、叀）方国之域。其历史悠久，文化深厚，非周初之前北方方国所比[2]。

元明之后，区划频调，区域常改。清代大部境域分属中城、东城、南城和北城。1945 年 8 月，北京市内城改为 7 个区，京郊为郊一至郊八区。境域为内一、内三区全部，内五、内六、内七区东半部和郊一、郊七、郊八区之部分。

中华人民共和国成立之初，沿用旧制。北平改为北京市后，区划频更。1952 年 7 月，北京市将内城 5 个区并为 4 个区。同年 9 月，将第一区改称东单区，第三区改称东四区。1955 年 6 月，区划微调。1958 年 5 月，东单、东四区合为东城区。东城区始有称名[1]52。

东单。东，方位词，古人以日出向为东。单，单一、孤。东单，明正统年间，在长安街东西两端，各建有三间四柱三楼冲天式木牌楼；其中一牌楼，因位于承天门（今天安门）东，故称东单牌楼，简称东单。后因商业繁华，成为地片名。指位于长安街、东单北大街，建国门大街、崇文门内大街交会处及附近地区。清光绪二十六年（1900）后被拆除。1952 年，北京市第一区和第五区部分地区，合成东单区，以东单牌楼（东单）在本区，故名[3]。

东四。东为方位词，四为序数词，三加一为四。明永乐年间，在皇城北门（神武门）东 1.5 千米处，建有四座牌坊，牌额东曰"履仁"，西曰"行义"，南北曰"大市街"，统称东四牌楼，简称东四。形成地片名后，指东四南、北大街与东四西大街、朝阳门内大街交会处及附近一带地区。民国以后，牌楼以北街道，称东四北大街；牌楼以南街道，称东四南大街。东四北大街历有"大市街"之称。其南端处于东四商业圈，北端位于北新桥圈。店铺林立，商业繁华。"文化大革命"时期，一度改称"红日路"。其中东四头条胡同，长 193 米，宽 5 米。明属思诚坊，又称东四头条胡同。清属正白旗，沿用头条胡同名。1949 年 10 月后，称东四头条。"文化大革命"时期曾改称"红日路头条"，后复原名。

东城。位于北京市城区东部，故名。城，源出金石文。《墨子·七患》载："城者，所以自守也。"《公羊传·定公十二年》载："五版而堵，五堵而雉，百雉而城。"《说文·土部》曰："城，以盛民也。"设东城区，以此为名。

2010 年 6 月 28 日，崇文区并入东城区，宣武区并入西城区，引发一些学者或民意关注，感叹"东西犹在，文武已失"。无疑崇文区以崇文门而称名。而崇文门与元代文明门有渊源关系。至明正统四年，改文明门为"崇文门"，以《周易》中"德刚健而文明"之义得名。一些学者与北京市民有质疑之声，可以理解。

然而，东城区境，历史悠久，也为史实；而多以方位"东"向称名，久于"崇文"。

其一，共和国《大兴县志·概述》载："唐建中二年（781），析蓟县西置幽都县，与蓟县分理蓟城。"今南池子、东交民巷一带属唐蓟县燕夏乡，有海王村；以北属幽都县礼贤乡，有龙道村。据《隋唐五代墓志汇编·唐故蔡氏夫人墓志铭并序》载：蔡氏"以会昌六年（846）十月卅日，属纩于幽州蓟县燕都坊之私弟也。""其年十二月，穴于幽州幽都县界礼贤乡龙道村西南一百廿步之原。"可见唐代即有都坊之制，而龙道村即在今北京四中分校（北海中学）东北一百二十步处[4]。

其二，公元916年，辽朝在北京建都，升蓟城为陪都，号称南京。蓟县改称蓟北县。辽开泰元年（1012），改蓟北县为析津县，又置析津府，属之。《契丹国志》载："南京本幽州地，自晋割弃，建为南京，又为燕京析津府，户口三十万。大内壮丽，城北有市，陆海百货，聚于其中。"[5]在原东城区一带，因附于蓟城，介于潞县之间，郊外有著名接待来京官员之望京馆，当为辽南京陪都东郊繁华之地[6]。

其三，金贞元元年（1153），金朝第四代皇帝海陵王"改元贞元，改燕京为中都，府曰大兴，汴京为南京，中京为北京"[7]。海陵王建都于今北京市大兴区，改析津为大兴县，原东城区一带，当属中都城东部。元初，大兴县仍属中都路；至元四年（1267），县治迁中都路东北城，即今北京市东城区大兴胡同内。元代现东城区境，属大都东半部，已全部融入城区。明永乐十九年（1421），永乐帝朱棣迁都北京，现东城区境，设为15个坊，城区坊制完备，渐成繁华城区。清代境域属大兴县，现东城区境驻有镶黄、正白、镶白、正蓝四个旗，为皇家驻军重地。元、明、清三代皇宫，均建于境内。民国时，现东城区为内一、内三等区。1952年设东单区、东四区，1958年合为东城区。2010年6月，原东城区、崇文区合为东城区。

综上所述，原东城区历史比崇文区更为悠久，并多以"东"向称名；其地名渊源将更为持久。

在中国区划历史上，南宋学者王观国在《学林》中认为：古人建立州县，或由山名，或由水名，或因事迹而为之名，非此三者而以意创立，则必取美名。显然，崇文、宣武则属于"以意创立"，属于"美名"之列。而以山、水、事迹等命名的县级区划地名，自然比"美名"更具生命力。

截至 2015 年 12 月底，国家统计局统计县级区划数为 2852 个（含 860 个市辖区，386 个县级市，1453 个县，117 个自治县；其中千年古县 800 多个），绝大部分以山水、事迹为名。民国时吕式斌《今县释名》收录 1927 个县，对其中 1643 个"今县"作了释名。其中因水为名 379 例，因山为名 230 例，两者合计 609 例，而以"美名"（嘉名）类仅有 5 例[8]。由此可见，以山水命名的县级政区地名，远远高于以"美名"（嘉名）命名的县级政区地名，其称名更为持久。

境内另有历史地名，今择其要者作考释。

故宫，旧称紫禁城，又称大内。因是明、清两代皇宫，故名。故，字出金文，多指旧的，过去的事物。《易·杂卦》载："革，去故也。"《论语·为政》载："温故而知新。"朱熹注："故者，旧所闻。"宫，字出甲骨文，字形如居室。后引申为帝王住所为宫。《周礼·天官·阍人》载："阍人掌守王宫之中门之禁……奇服怪民不入宫。"《史记·秦始皇本纪》载："作宫阿房，故天下谓之阿房宫。"故宫建于明成祖永乐四年（1406），以南京故宫为蓝本营建，至永乐十八年（1420）建成。宫城呈长方形，南北长 961 米，东西宽 753 米，四面有高 10 米城墙，城外有宽 52 米的护城河。分为外朝和内廷两大部分。外朝有太和殿、中和殿、保和殿三大殿，是国家举行大典礼的地方；内廷有乾清宫、交泰殿、坤宁宫，统称后宫，是皇帝和皇后居住的正宫，后建有御花园。占地约 72 万平方米，房屋 9000 多间，建筑总面积 15 万平方米，为中国现存最大最完整的建筑群。有宫门四座，四隅有角楼，南门正中为午门。主体建筑气势恢宏，建筑技艺精湛。宫内保存大量珍贵文物。1925 年辟为故宫博物院。列为全国重点文物保护单位和世界文化遗产，列入《世界遗产名录》。

国子监，古称国小学、国子寺，是隋朝以后的中央最高官学。北宋"庆历新政"，应天府升为南京（今商丘市）国子监学，与东京（今开封市）、西京（今洛阳市）的国子监并列，故名。

国子，公卿大夫之子弟。《周礼·地官·师氏》记载："以三德教国子。"郑玄注："国子，公卿大夫之子弟。"《汉书·礼乐志》载："朝夕习业，以教国子。国子者，卿大夫之子弟也。"监，照视、监管。《尚书·酒诰》记载："古人有言曰：'人无于水监，当于民监。'"《史记·秦始皇本纪》记载："分天下以为三十六郡，郡置守、尉、监。"国子监，是元、明、清三代国家管理教育的最高行政机关和国家最高学府。后历朝沿袭其制其名。

辽金时代皆在南京（今北京）设南京国子监学。元大德十年（1306），设立元大都（今北京市）国子监，明初改北平郡学。永乐二年（1404），复称国子监。清沿袭之。建筑坐北朝南，中轴线上分布有集贤门、太学门、辟雍、彝伦堂、敬一亭等。集贤门为正门，太学门为二门，门内辟雍为国子监全部之精华，且与北之彝伦堂形成院落。其东西配庑构成四厅六堂。彝伦堂后面的敬一亭，建于明嘉靖七年（1528），为国子监祭酒（最高领导人，从三品）的办公处；现为首都图书馆址，为全国重点文物保护单位。

王府井，又名十王府街、王府井大街。元至元四年（1267），此处名丁字街。明永乐十五年（1417）建十王府后，称名王府街。清《京师坊巷志稿》载：北京内外城共有水井12585个，大多水质咸苦，唯此处有井，甘洌可用，遂改名为王府井大街，简称王府井。

王府，封建时代王爵或王爷的住宅。王，《韩非子·外储说左上》："今王欲民无衣紫者，王请自解紫衣而朝。"《史记·高祖本纪》载："立长子为淮南王。"《后汉书·刘玄传》载："宜悉王储功臣。"皆合此义。府，达官贵人住宅。《史记·曹相国世家》载："（曹）参见人之有细过，专掩匿覆盖之，府中无事。"《红楼梦》第二回谈道："街东是宁国府，街西是荣国府。"均释为此义。

王府井大街，地处东城区西南部，交通便捷。北起五四大街与美术馆东街相连，南至东长安街与台基厂大街相接，中与灯市口大街、东安门大街相交。长1797米，车行道宽14米。民国十七年（1928）后，北段称王府井大街，1965年八面槽并入，称名仍旧。1966年南北两段合称人民路。1975年改称今名。现为北京三大商业区之一。两侧有北京市百货大楼、东安市场、协和百货市场、新中国妇女儿童用品有限公司；有北京工艺美术服务部、王府井新华书店、外文书店；有天伦饭店、华侨大厦、东来顺、萃华楼饭庄。北段有中国社会科学院图书馆、考古研究所、首都剧场、商务印书馆等单位。另有北京四大天主教堂之一的东堂，现为市级文物保护单位。

参考文献：

［1］北京市东城区志［M］. 北京：北京出版社，2005.

［2］彭雪开，王殿彬. 北京地名源流考［J］. 湖南工业大学学报（社会科学版），2019，24（2）.

［3］中国古今地名大词典（上）［M］. 上海：上海辞书出版社，2010：816.

［4］张宁. 隋唐五代墓志汇编：北京卷［M］. 天津：天津古籍出版社，1991.

［5］契丹国志［M］. 清嘉庆二年扫叶山房刻本. 1797：208.

［6］谭其骧. 中国历史地图集：宋·辽·金时期［M］. 北京：中国地图出版社，1996：10 - 11.

［7］脱脱. 辽史［M］. 北京：中华书局，1999：336.

［8］华林甫. 中国地名学源流［M］. 长沙：湖南人民出版社，2002：422 - 424.

西城

西城区境，尧、舜、禹时代，属幽州（幽陵），后属冀州。相传为共工北迁后裔所辖之域。商代初，多属土方、亳、孤竹方国之域。商代中末期，多属黄帝之孙禺京后裔（蓟、㠱）方国之地。西周，地属蓟国。春秋战国，地属燕国，为燕都蓟城之北郊。秦汉今区境属蓟县地[1]5。其中王莽新朝时曾改伐戎县。东汉初又复原名。唐建中二年（781）后，属幽州幽都县（废燕州改置，治燕州旧署，即今区境复兴门外真武庙头条附近）。五代梁、唐，皆属幽州幽都县。曾入契丹之手，其境域归属因朝代不同而各异[1]49。

辽、金、元、明之后，区划频调，区域常改。自明代始，属西直门外、阜成门外、德胜门外近郊关厢之地。清属顺天府宛平县界，属清八旗驻防区境内正黄、正红、镶红、镶蓝四旗分属；另属五城中之中、西、北城所领中东坊、关外坊、宣南坊、灵中坊分辖（含城外郊区）。民国前期，属京兆宛平县，后期终属北平市内二、内四区全部和内五、内六、内七区一部。1952 年 7 月，改为西单、西四两区。1958 年 5 月，西单、西四两区合为西城区。西城区始有称名[2]1086。

西单。西，方位词，太阳落下方向为西。《诗·大雅·桑柔》："自西徂东，靡所定处。"《史记·历书》："日归于西。"《说文》："西，鸟在巢上，象形。"单，单一、孤。字出甲骨文，释为大，后引申为单一之义。《荀子·正名》："单足以喻则单，单不足以喻则兼。"汉代孔融《论盛孝章书》："妻孥湮没，单子独立，孤危愁苦。"《正字通·口部》："单，孤也。"

明正统间，在长安街东西两端，各建有三间四柱三楼冲天式木牌楼。其中一牌楼，位于承天门（今天安门）西，故称西单牌楼，简称西单。后成为地片名，泛指今北京市西城区东南部，指西单北大街、宣武门内大街与西长安街、复兴门内大街路口交会处及附近地区。民国十二年（1923）将牌楼拆除，地名仍存。1952 年北京市区划调整，设西单区，以"西单牌楼"为名[2]1086。1957 年拓宽复兴门内大街，形成十字路口。为市中心交通要冲及繁华商业区。有西单商场、西单文化广场、华威大厦、华南大厦、西单赛特购物中心等大型商场；有首都电影院、民族文化宫、西单剧场、北京图书大厦等。附近有民航营业大厦、电报大楼等，西单地区成为北京市商贸与文化中心区之一。

西四。西，日落之向谓之西。四，序数词，三加一之和。源出金石文。《尚书·舜典》："流共工于幽州，放骧兜于崇山，窜三苗于三危，殛鲧于羽山，四罪而天下咸服。"《易经·系辞》上传："两仪生四象，四象生八卦。"《玉篇·四部》："四，数也，次三也。"

明永乐年间，在皇城北门（神武门）西 1.5 千米处，建有四座牌坊，牌额东曰"行仁"，西曰"履义"，南北为大市街，统称西四牌楼，简称西四，后渐成地片名。泛指北京市西城区中部，即西四南、北大街与西四东大街、阜成门内大街交会处及附近地区。

1952 年由北京市第四区及第五区一部分合成西四区，以"西四牌楼"为名。1956 年拓宽马路时将牌楼拆除，形成十字路口。地处交通要道，四周高楼林立，商铺众多。国土资源部、中国佛教协会、地质博物馆等驻此。后形成热闹市区。区境内有著名的西四北头条、北二条、北三条、北四条、北五条、北六条、北七条、北八条共 8 条胡同。历史文化深厚，多名胜古迹[3]。

西城。位于北京市中心城区西部，故名。城，源出金石文。旧时多指都邑四周的墙垣。《诗经·邶风·静女》《战国策·东周策》《史记·魏世家》等典籍中，皆有城邑之载。今北京市建城史有 3100 多年，建都史 850余年。这不包括今北京市殷商所封京人（蓟人）方国邑。如果包括尧、舜、禹时代相传所筑的共工城，北京城邑建都史为 3500 ~ 4000 年[4]。

西城区境，作为地片名，以"西"得名，应早于金代。唐建中二年（781），析蓟县西部置幽都县；辽开泰元年（1012），改幽都、蓟县为宛平和析津（县）；金贞元元年（1153），改析津县为大兴县[5]。由此可见，今西城区境唐代就属蓟县西部之域，亦当为蓟城西部区域。金为大兴县地，西城之郊。元为大都西部。明、清为北京内城西部，属宛平县。民国时，属北京市内二、内四区全部和内五、内六、内七区一部。1952年改为西单、西四两区。1958年两区合并为西城区[2]1086。因此之故，西城区以"西"名地，历史悠久，而崇文区、宣武区，其地片名得名，在明正统四年（1439）。可见西城区历史渊源，比宣武区更早。

2010年6月28日，宣武区并入西城区，崇文区并入东城区，引发坊间及一些学者关注。但从历史渊源看，西城区境历史比宣武区境历史更早，也为史实。那种"东西犹在，文武已失"的感叹，可以理解，但不一定准确。西城区境历史与东城区历史大致相同，仅方位有别。在此不再赘述。

西城区，是全国政治中心，驻有党中央、国务院等单位，人民大会堂亦位于本区。国家计委、财政部、教育部、新华通讯社、中国人民银行、中国科学院、民族文化宫、北京展览馆等设此。铁路、公路、地铁交会于此。有著名的西长安街、复兴门大街横贯区境南部；著名的金融街，纵贯于西二环东侧。名胜古迹众多。全区现有各级文物保护单位109处，其中全国文物保护单位11处，市级文物保护单位53处，区级文物保护单位45项。全国级及市级文物保护单位，约占全市的25%。

名胜古迹，今择社稷坛、北海、银锭桥地名，作初步考释。

社稷坛。明、清两代帝王祭祀社（土地神）和稷（五谷神）的地方。

社稷，《白虎通·社稷》载：古代王者"封土立社，示有土尊"，"故立稷而祭之也"，为天下求福报功。社，源于甲骨文，字形如封土之状。后指土地之神。《礼记·祭法》："共工氏之霸九州也，其子曰后土，能平九州，故祀以为社。""王自为立社，曰王社。诸侯为百姓立社，曰国社。诸侯自立社，曰侯社。大夫以下，成群立社，曰置社。"[6]《玉篇·示部》："社，土地神主也。"由此推知，祭祀土地神，源于帝尧共工氏之后土。《周礼·春官》《左传·昭公二十九年》中皆有载。

稷，源于金石文，谷物名，古今称名不一。清代程瑶田《九谷考》认为：黏者为稷，北方谓之高粱。《诗经·王风·黍离》："彼黍离离，彼稷之苗。"朱熹注稷为粟。古人认为稷为五谷之长，立稷，以表神名，故号稷。《礼记·祭法》："是故历山氏之有天下也，其子曰农，能殖百谷；夏之衰也，周弃继之，故祀以为稷。"后世皆奉为五谷（稻、黍、稷、麦、菽）之神。

坛，古时为祭祀而筑的土台。诸侯会盟封拜也都设坛，以示隆重。春秋、战国时多有此举。后在坛上增设阶陛殿堂，华丽庄重。《公羊传·庄公十三年》："庄公升坛。"《庄子·山木》："北宫奢为卫灵公赋敛以为钟，为坛乎郭门之外。"（北宫奢：卫国大夫）。《说文·土部》："坛，祭场也。"

社稷坛，在北京市天安门至午门间大道西侧。原为辽、金兴国寺及元万寿兴国寺遗址，建于明永乐十八年（1420）。中国历代都城分别设太社、太稷，明成祖迁都北京后，将社、稷合为一坛祭祀。明初规定都城、王国、州县皆设社稷坛。北京社稷坛，是现存仅有一座，其所在区域于民国十七年（1928）辟为中山公园。

北京社稷坛，有长方形围墙，周设四门，墙外遍植松柏。北为正门。入正门为乾门和拜殿，再南为社稷坛，沿南北轴线布局。乾门面阔五间，单檐歇山顶，覆黄琉璃瓦。祭典时，门内列戟 72 杆，故名戟门。拜殿五间，梁架结构。社稷坛为汉白玉石砌成的三层方台，上层每边 15.93 米，高近 1 米；四面台阶各为四级。上层按五行方位填五色土壤，中间为黄色，东为青色，南方红色，西方白色，北方黑色，象征"溥天之下，莫非王土"。台面中央埋设"社主石"。坛四周绕以遗墙（矮围墙），每面有棂星门一座。土遗墙四边各按方位饰以四种颜色的琉璃砖瓦[7]。《中国古今地名大词典·社稷坛》亦有详载。1988 年社稷坛列为全国重点文物保护单位。

北海，亦称北海公园。金建都燕京时，城东北郊有一湖泊，名"金海"，俗称"海子"。后逐渐修筑成皇家名苑，又地处都城之东北向，故名北海。北，方位词，字出甲骨文，字形像二人相背之状。《诗经·大雅·

大东》:"维北有斗,不可以挹酒浆。"《战国策·齐策六》:"食人炊骨,士无反北之心,是孙膑、吴起之兵也。"《玉篇·北部》:"北,方名。"约在春秋时释为北向方位。海,纳北川之水谓之海。《尚书·禹贡》:"江、汉朝宗于海。"《汉书·晁错传》:"吴王即山铸钱,煮海为盐。"《说文·水部》:"海,天池也。"

北海,开始多指北方远僻各域为北海[2]841。春秋战国时,又泛指今渤海。北京北海,当与古之北海有文化渊源关系;亦与辽金、元、明、清历代统治者建筑宫苑有关。

金贞元元年(1153),以辽南京城(今北京)为都城,称中都。金大定十九年(1179),在今北海所在地建离宫别苑。《金史·地理志》:"京城北离宫有大宁宫……琼林苑有横翠殿。宁德宫西园有瑶光台,又有琼华岛,又有瑶光楼。"并以琼华岛为中心,在岛上及"金海"(海子)周围修造宫苑。相当于今北海和团城部分。元代,以此为中心建大都城,修筑皇城中之禁苑"上苑"。至正八年(1348),山赐名为万寿山,水赐名为太液池。元人陶宗仪《辍耕录》有详载。太液池大体相当于现在北海和中海范围。明代以此为中心,广为扩建。又辟南海,在琼华岛上和太液池沿岸,增建许多建筑物,始成北海形制。清代又增建许多建筑。其中修建了巨型喇嘛塔(白塔)和佛寺,将万寿山改称白塔山。

1925年北海辟为公园,面积约71公顷,水面583亩,陆地480亩。白塔四周有永安寺、漪澜堂、阅古楼、庆霄楼,沿湖有濠濮涧、静心斋、画舫斋、天王殿、九龙壁、玉龙亭、万佛楼等建筑。"园中有园,景外有景。"为中国现存最完整的古代帝王宫苑。为全国重点文物保护单位[2]841。

银锭桥。北京什刹海与后海相连处,"桥下木桩基础用铁锔连结,有一形似银锭的石桥,故名"[8]。银,源出金文,古称白金,五金之一。《汉书·酷吏传·杨仆》:"怀银黄,垂三组,夸乡里。"《书·禹贡》:"厥贡璆、铁、银、镂、砮磬……"《说文·金部》:"银,白金也。"锭,古文原义为盛熟食有足的蒸器。后泛指金银块。宋代每块约五十两、十两、五两等。宋《洞天清禄集》:"今江西人得补之一幅梅,价不下百十锭。"明

《辍耕录·卷三十》："所得撒花银子，销铸作锭，每重五十两，归朝献纳。"

银锭桥，横跨什刹海与后海细脖处，长12米，宽7米，高8米，跨径5米。有镂空云花栏板5块，翠瓶卷花望柱6根。什刹海风景秀丽，"银锭观山"为燕京小八景之一；加之此桥是往来恭王府、宋庆龄故居、火神庙和荷花市场的必经处，人来客往，颇为热闹。

银锭桥，建于何时？无考。辽金时代此处为郊外，数千米的河流两岸，当有便桥往来。元代营建大都后，此处是海运船只必经之处，两岸商业繁华，风景秀丽如江南。明代《燕都游览志》："银锭桥在北安门海子桥之北，此城中水际看西山第一绝胜处也。桥东西皆水，荷菱菰蒲，不掩沦漪之色。南望宫阙，北望琳宫碧落，西望城外千万峰，远体毕露，不似净业湖之逼且障目也。"

景另有三绝。一曰"桥水倒流"。清末民国间，当时政府无暇顾及河湖水系清淤治理，当银锭桥东侧的湖底淤泥高于西侧时，桥下水就从桥东反流向西，出现"桥水倒流"特殊景观。二曰"银锭观山"。站在银锭桥上，引颈西望，可领略西山风景。旧时新街口一带无高大建筑物，宽阔颀长的后海，构成一扇面形视角，故有此殊景。为旧燕京十六景之一。明代茶陵人首辅诗人李东阳，曾誉赞此处为"北京第一山水"。三曰"荷花争艳"。清代《竹枝词》道："地安门外赏荷时，数里红莲映碧池。好是天香楼上座，酒阑人醉雨丝丝。"每当盛夏时节，什刹海红荷映日，灼灼似火；夏雨过后，粉荷银珠，盈盈欲坠。蓬莲摇曳，清香飘荡，实难描绘。清代曹寅好友、文人纳兰性德曾描绘此处："藕风轻，莲露冷，断虹收。正红窗，初上帘钩。田田翠盖，趁斜阳鱼浪香浮……"尽似一幅天然图画。

参考文献：

[1] 北京市西城区志[M].北京：北京出版社，1992.

[2] 中国古今地名大词典（中）[M].上海：上海辞书出版社，2010.

[3] 北京地名典[M].北京：中国文联出版社，2008：187-189.

[4] 彭雪开，王殿彬.北京地名源流考[J].湖南工业大学学报（社会科学版），

2019, 24 (2).

[5] 北京市大兴县志 [M]. 北京: 北京出版社, 2001: 1.

[6] 周礼·仪礼·礼记 [M]. 长沙: 岳麓书社, 1989: 463.

[7] 中国大百科全书·建筑园林·规划 [M]. 北京: 中国大百科全书出版社, 2004: 19.

[8] 北京什刹海银锭桥前世今生 [N]. 北京晚报, 2019 - 04 - 11.

海　淀

海淀境域，"至迟在商代后期，在今北京地区已形成蓟、燕等方国，都是商的属国"[1]47。文中"蓟、燕"等方国，在商代应称为"（禺）京、晏"方国，而非"蓟、燕"等方国。

一是北京最早称名为幽州。《尚书·禹贡》称为"冀州"，而《尚书·尧典》《周礼·职方氏》则称为"幽州"。幽州，又称为幽都、幽陵。《尚书·尧典》《孟子·万章上》《史记·五帝本纪》中有明载。幽州（州都），得名与帝尧时代天文官和叔驻邑有关，亦与"流共工于幽州"有关。这为先秦文献与《史记》及出土文物所证实[2]。

二是商代已在今北京市置禺京方国。《山海经·大荒东经》载：禺虢之子"禺京处北海"[3]。禺京后裔，曾建有郭国，后以国为氏称郭氏。公元前670年亡于齐。《战国策·燕一》载：郭隗曾为燕昭王之师。《畿辅通志·名臣》载：郭隗于保定为燕人。由此推知，今北京市与河北北部，最早族居此地立国者，当为黄帝之孙禺京及后裔，亦即善营稻与渔猎、筑城、治水之禺京族，后被殷商封为禺京方国，于商末迁都于蓟丘之上，筑禺京邑（大都邑），故禺京族转音为蓟族，禺京方国转音为蓟方国。京、蓟二字，古时互通。至周武王灭殷纣时，《水经注·灤水》载："周武王封尧后于蓟，今城内西北隅有蓟丘，因丘以名邑。"谓之蓟国[4]。

三是《礼记·乐记》："武王克殷，反商，未及下车，而封黄帝之后于蓟，封帝尧之后于祝，封帝舜之后于陈。"[5]褒封，意为赞扬嘉之。武王褒"封黄帝之后于蓟"。这说明今北京市内，在商代末期，存在一个势力强盛的方国——蓟（禺京）。

北京平原西北部出土文物表明：殷商时期有"眞"部落。今北京市顺义区牛栏山金牛村曾发现一座西周墓，其中出土青铜器有"眞"铭文。有学者考证"炅"字通"蓟"[6]。这有待进一步考证，但属殷之北方方国，当无疑。

商代今北京市房山区一带，有殷之大方国"妟"。周成王时，太保召公征讨武庚"北奔"，辟地千里有功，故"令克侯于燕"（克盉、克罍铭文)，即封召公长子（元）为克侯，借以控制殷商时北方大小方国。而北京房山琉璃河董家林燕都遗址定为"商周城址"。"因此有人认为燕国始封之前，这里已是商时期一方国部落的政治中心……"[7]

综其上述，周代"蓟、妟"方国，至少在商末应作"京""妟"。西周初，一为周武王"褒封"为蓟（禺京）国，一为周成王实封为姬姓燕（妟）国。春秋中期后，姬燕始强，灭蓟为北燕，并立都于燕都蓟城。并非偶然。

秦灭北燕，在原燕国北部仍设上谷、渔阳等五郡，又在蓟城四周置广阳郡。今海淀境域属上谷郡军都（县），军都由浑都改称；部分地域属广阳郡蓟县[1]48。

两汉后海淀境域，归属频更。上有政区之辖，下无境域之分，随归属而频更，不能细述。但大体依次分属军都、昌平、蓟县、万年、玉河、大兴、宛平、延庆，以及北平城属区等[1]47-55。

北平和平解放后，至1949年6月底，今海淀区分属北平市十六区、十七区、十八区、十九区、二十七区和察哈尔省宛平县、昌顺（昌平）县；其主体部分属十六区[8]2541。1949年7月，几经调整，北京市第十六区成立，区治海淀镇乐家花园。[1]58 1952年8月27日，改称海淀区，区治原址。

十六区，何以为名？十，数词。源出《孙子·谋攻》："故用兵之法，十则围之，五则攻之，倍则分之。"《汉书·律历志上》："数者，一、十、千、万也。"六，数词。《周易·坤》："初六，履霜坚冰至。"中国数学，源于公元前3000年前的"结绳记事"。据甲骨文及商代金文考古证明：商代中后期，有"十进位制计数法"。如："十"加"六"，谓之"十六"，表示数序。区，古今文本义：区域。《书·康诰》曰："用肇造我区夏。"《史记·孟子荀卿列传》："如一区中者，乃为一州。"《玉篇》："区，域也。"十六区，以数序命名的区级（县级）行政区划单位。

十六区设立，应与时代政局相关。

其一，境内历代皆有基层行政（社会）区划单位。据《北京考古四十年》及相关文献记载：战国时，今海淀区域属燕国上谷郡浑都（县）；秦初属上谷郡军都县。唐代在境内设有礼贤乡（紫竹院及迤东一带）、房仙乡（今公主坟、万寿路及迤西）、保太乡（在今甘家口至八里庄，北及三虎桥一带），以及樊村、丰乐乡（今钓鱼台一带），归义乡（今东、西二里沟一带），幽都乡（今太平路一带）。辽、金、元、明、清代，皆有乡、里建置，多属昌平县、宛平县及"城属区"。

其二，民国四年（1915）7月，国民政府在京兆地区各县推行"地方自治"。县以下设区，区设村，村设甲。据民国二十一年（1932）《北平市自治区坊所属街巷村里名称录》载：在今海淀区境内，有十三区辖19个坊（村更名），十五区辖15个坊。民国二十四年（1935）4月，坊、保，皆按数字顺序命名。首开数字命名区划单位之先河。这为共和国之初北京市以数字命名区（县）及行政单位，奠定了基础。

其三，1949年1月22日，北平和平解放后，为十六区成立创建了条件。1949年7月3日，北平市人民政府决定将海淀境域内"原十七、十八两区，原十六区新市区以北与由昌顺县划入之西北旺等五村合并为十六区"。这标志着北平市第十六区人民政府成立；辖街、村行政单位共54个。不久，区划调整，辖1镇、6街，41个行政村。1950年6月9日，十六区治迁驻海淀镇太平庄2号新址（今海淀区老干局），并更名为第十三区，辖村（街、镇）44个。当年8月又调整为58个，共辖2个镇、3个街、53个村[1]58-60。

其四，共和国成立时，海淀境域主体分属第十六区，另分属第十七区（后改为第十四区）、第十九区（后改为第十五区）。这与当时局势密切相关。一是北平市和平解放后，原行政事业单位的人员，大部分要重新甄别录用；二是解放军接管后，开展了一系列军、政活动，待各级政权建立后，要录用干部及公教人员；三是1952年除境内北京大学、清华大学院系调整外，北京师范大学、中央民族学院、北京矿业学院、石油学院、航空学院、钢铁学院、林学院等一大批高校，在今海淀区建校办学。这些都需要新生政权有效管理。

由此可知北京市第十六区（后更名为第十三区）的设置，是时局使然。

海淀。《北京市海淀区志·大事记》载："1952 年 9 月 1 日，十三区改称海淀区。"[1]24 自此，海淀区，载入国史、地志。以元代海淀聚落地名为名，实以海淀镇称名。

海淀，何以为名？海，古今文中本义：地球上靠近大陆小于洋的水域。《尚书·禹贡》《韩非子·说林上》中均含此义；后引申为大的湖泊。《汉书·苏武传》："（匈奴）乃徙武北海上无人处。"《洛阳伽蓝记·城西·宝光寺》："园中有一海，号'咸池。'"《说文·水部》："海，天池也。"[9]683 淀：浅水湖泊。左思《魏都赋》："掘鲤之淀，盖节之渊。"《颜氏家训·归心》："江陵高伟，随吾入齐，凡数年，向幽州淀中捕鱼。"赵曦明注："淀，今北方亭水之地也。"具体地望不知[9]698。

"海淀"一词，源于元代李好文《感志赋》："浮轻舟以南下兮，乱海淀之交流。"李好文（生卒年不知），元朝中后期著名文人，仕元英宗（1320—1323）等六朝，官至光禄大夫、河南行省平章政事，以翰林学承旨一品禄终其事。久居大都（今北京老城区）宫廷。《赋》中之海淀地望，当指今北京市海淀区一带无疑。其时，海淀被文人亦称为"丹棱沜"。今中关村仍有一条丹棱沜街。

海淀称名，当与地势、泉群密切相关。

其一，境内西部为北京西山隆起带，京都为北京平原沉降带。古代区域内地质构造发育复杂。地处京城西北上风上水，地形西高东低。西部山区统称西山，属太行山余脉。以百望山为界，山南称山前，山北称山后。聂各庄、北安河一带，山势峻峭，最高峰阳台山海拔 1278 米，依次有山地、残丘、洪冲积扇平原。山地水源蓄积地表，富有地下水。

其二，境内历史上湖、泉众多，河流交错，是金中都、元大都重要地表水源地[1]103。有高梁河及玉泉水源。玉泉水系至明清两代，成为北京城唯一的地表水源地。曹魏时期，今海淀区处蓟城郊外，湖泊沼泽众多。今境内芙蓉里、稻香园一带，原为一片浅湖沼。今海淀镇一带，有温泉流经，众河溪、温泉相汇于此，水域辽阔。约在金代聚落发展成集镇，以"海店"称名。明代叶盛《水东日记》：元中统元年（1260）秋七月"六日丁卯午，歇店距京二古里……宿南口新店，距海店七十里"。文中"海店"即今海淀。可见元初海淀名"海店"，其时应有集镇街店，故名。明代中期后，称名"海淀"。

海淀设区后，区名不改，区域频调，至 1965 年以后基本稳定[1]58，归属不变。辖区内名镇较多，在国内著称者有玉渊潭、海淀、永丰、温泉、万寿路、紫竹院、北太平庄、学院路、中关村、喜龙桥、清河、清华园、燕园、香山等镇、街道办事处。今择其二考之。

香山，属西山山脉。原名香炉山，主峰香炉峰（俗名鬼见愁），海拔575 米。得名有二说：一说清代《日下旧闻考》："香山有乳峰石，时嘘云雾，类匡庐香炉峰，故名。"二说亦云：香山古时多杏花，花开时香气飘逸满山，故名"香山"。今多以一说为是，得名约在金代。金大定二十六年（1186），在此建永安寺，后改为香山寺。为金代皇家游幸之地[8]2201。元、明、清时，皇家在此建离宫别院，每逢夏秋时节，常为皇帝及侍臣避暑胜地。

香山寺，曾为京西寺庙之冠。清康熙年间建香山宫；清乾隆十年（1745），建皇家御园有二十八景，名静宜园。咸丰十年（1860）和光绪二十六年（1900），先后两次遭英法联军及八国联军焚毁。1949 年后，辟为香山公园。1956 年改称人民公园，后又改称香山公园。园内有燕京八景之一的"西山晴雪"；有始建于元至顺二年（1331）的碧云寺（初称碧云庵）；有建于清乾隆十年（1745）的双清别墅。1949 年 3 月 25 日，毛泽东率中央机关"进京赶考"，进驻双清别墅，曾一度为中共中央驻地。西山景色，随季节而变，尤以秋季西山红叶及冬季雪景最为著称。

清华园。《明水轩日记》："清华园前后重湖，一望漾渺，在都下为名园第一。若以水论，江淮以北，亦当第一也。"明代孙国敉（mǐ）《燕都游览志》："园中牡丹多异种，以绿蝴蝶为最，开时足称花海。西北水中起高楼五楹，楼上复起一台，俯瞰玉泉诸山。"因园内"水清木华"，故名清华园。《日下旧闻考》引《誉咛》描述园内盛景称"禽鱼花木之盛，南中无以过也"。

清华园为明代皇戚李伟所造。明清之交，清华园荒芜毁弃。清康熙以清华园故址为基础，建畅春园，位于今北京大学西部，方圆十余里。清末列强入侵，京西"三山五园"大多遭毁，畅春园仅剩一西勾桥（亦名娄兜桥，位于今北京大学西门内南侧）。

清末，清华园之地名，移借于圆明园组成部分之一熙春园。清道光二年（1822），该园分为东西二园。东园称为清华园，西园称为近春园。此两园皆位于今清华大学的西北部。昔日勋贵皇家园林，为北京大学、清华大学所在。"承古开今，文咏不断。"[10]清华大学初名清华学堂，始建于清宣统三年（1911），以古地名清华园为名。民国元年（1912）更名为清华学校；民国十七年（1928），更名为清华大学。至今为世界名校之一。

境内少丘冈多平原。交通便捷。为北京市重要文教、科研、高新技术开发基地。有北京大学、清华大学等70多所高校驻此；有中关村科技园区等各类高科技企业驻在[8]2541。名胜古迹有颐和园、圆明园遗址、玉泉山、香山、玉渊潭、紫竹院，另有中华世纪坛、中央电视塔等。境内驻有科技部等及市级机关等24个[1]98-100。今为北京重要旅游区，游客不绝于途！

参考文献：

[1] 北京市海淀区志 [M]. 北京出版社，2014.

[2] 彭雪开，王殿彬. 北京地名源流考 [J]. 湖南工业大学学报（社会科学版），2019，24（2）.

[3] 叶舟. 山海经全书 [M]. 呼和浩特：内蒙古人民出版社，2010：282.

[4] 陈桥驿. 水经注校证 [M]. 北京：中华书局，2011：324.

[5] 周礼·仪礼·礼记 [M]. 长沙：岳麓书社，1989：432.

［6］葛英会．燕国的部族及部族联合［J］．北京文物与考古，1983（1）．

［7］唐晓峰．蓟、燕分封与北京地区早期城市地理问题［J］．中国历史地理论丛，1999（1）：111－118．

［8］中国古今地名大词典［M］．上海：上海辞书出版社，2010．

［9］汉语大字典［M］．武汉：湖北辞书出版社，1997．

［10］卜凡．明代清华园［N］．北京日报，2019－01－10．

崇 文

北京崇文地域，秦始皇二十五年（前222），至后晋天福三年（938）属蓟县。辽属蓟北县。辽开泰元年（1012）至宋宣和四年（1122）属析津县。金贞元元年（1153）属大兴县。元、明、清、民国皆沿袭之[1]10。先秦之前崇文地域，上古属幽州、幽陵。殷商时属"蓟""匽"，即京（蓟）、匽（燕）等方国。周初属蓟。春秋战国属蓟、燕。秦灭燕，置蓟县，属广阳郡[2]。

1949年1月，成立中共北京市第八区、第十区、第十五区工作委员会（简称工委），境域分属之；2月分别成立区政府。后区划频调，直至1952年9月11日，第七区与第九区东半部分合称为崇文区，区治幸福大街，以崇文门为名[1]24。自此崇文区始载国史地志。后经数次区划调整，至1958年崇文区区域基本确定，区名不改。2010年7月1日，北京市撤销崇文区、宣武区，原东城区与崇文区合并为新的东城区，原西城区与宣武区合并为新的西城区。东城区区治景山街道瑞城亿兴大厦西侧。

第七区、第九区，何以为名？第，次序。《国语·周语下》："夫宫，音之主也，第以及羽。"《史记·萧相国世家》："平阳侯曹参，身被七十创，攻城略地，功最多，宜第一。"皆含此义。七，数词，六加一为七。源出甲骨文，其字形如"十"，横长竖短，为切字初形。用来表数目则为借音字。《诗经·豳风·七月》《左传·僖公二十六年》中，皆载为数词。区，区域。《书·康诰》《史记·孟子荀卿列传》语句中，皆释为此义。《玉篇》："区，域也。"七区，以数序命名的区级（县级）行政单位。九区之"九"，数词，八加一为九。源出甲骨文，字形像肘形，本义指肘。用作数字则为借音字。卜辞的"九"，既为数词又为序数词。后泛指多数之义[3]20-21。

七区、九区之设置，与时局相关。

其一，境域内于 1945 年 8 月设立中共冀中区委所属北平工作委员会（简称冀中平委会），又于境内设外一、外三、外五区 3 个区委。1949 年 1 月中旬，中共北平市第八区、第十区、第十五区工作委员会（简称区工委）组成。同年 2 月，中共北平市军事管制委员会（简称军管会）派员接管旧政权，建立第八区、第十区、第十五区人民政府；3 月又建立街政权；6 月撤销第十五区建制。这为共和国成立后的区划调整，创设了条件。

其二，1950 年 3 月后，撤销第八区与第九区改为第六区，第十区改为第七区。两个区政府，开展了事关巩固政权、稳定社会、改善民生等一系列政治、经济、文化、社会等活动。尤其是建立基层政权，改善民生方面，做了大量工作。政权日趋巩固，老百姓衣、食、住、行等方面日趋改善，这为崇文区的成立创造了物质基础及民意等条件。经过 1952 年 1—6 月的"三反"（反贪污、反浪费、反官僚主义）运动，以及在全区私营工商企业中开展的"五反"（反行贿、反偷税漏税、反盗骗国家资财、反偷工减料、反盗窃国家经济情报）运动。进一步巩固了新生政权。是年 9 月 1 日，第七区与第九区东半部合为崇文区[1]24。

崇文。崇，山大而高曰崇，源出金石文。《尚书·盘庚中》《诗经·大雅》《左传·僖公七年》《国语·楚语下》中语句，皆为此义[3]329。文，人文。字出甲骨文，字形像人胸前刻画之纹饰。古通"纹"。《周易·系辞下》《庄子·逍遥游》《榖梁传·哀公十三年》中语句，皆释为此义，后多引申为人文科学之义[4]。崇文，即指"崇高文德"之义[5]。崇文称名，源于"文明门"。

清《日下旧闻考》载：文明门，由于门内有"哈达大王府"，故又称为"哈达门"。哈达，疑为蒙古语，又音译为"哈德"，当为"哈达"之音转，故文明门又称为"哈德门"。《日下旧闻考》引《析津志》："哈达大王府在门内，因名之。""哈达大王为何许人，已不可考。"元代，哈达门的称名已超过文明门。后一些在京文人，认为"哈达"不够文雅，取其谐音，又利用文明门在南城东的地理位置，写成"海岱门"。

明代蒋一葵《长安客话》:"泰山、渤海俱都城东尽境,元时以'海岱'名门取此。"海,渤海、东海之称谓;岱,源自杜甫《望岳》诗:"岱宗夫如何,齐鲁青未了。"明代卓明卿《登崇文楼》诗:"城头初夜净氛埃,海岱分明望眼开。紫气半空时入座,秋声万里此登台。"清代《白华堂诗录》:"海岱瞻门高,风尘苦身贱。"清雍正赐太子太保刘统勋为"海岱高门弟",意为刘为海岱门第一户高贵人家。

由此观之,明、清两代,文人雅士及当朝最高统治者,称文明门、崇文门,多以"海岱"代之。而海岱,实为谐音之转及地势所处之代称,并无多少历史、文化渊源,实显牵强附会。清代杨从清《北京形势大略》云:(崇文门)"又曰海岱,言山陬海皆梯航纳贡,税课司在焉。"有学者认为:这是引用明代《旧京遗事》(上)"京师九门,皆有课税,而统于崇文一司"之载推演而来。这是缺乏依据的。但道出了明清时崇文门税务司,确是皇家纳税之总关卡,成为盘剥人民的"鬼门关"。

文明门,源于元大都。元大都之设,当与元世祖忽必烈立国治政相关。《元史·忽必烈传》:"世祖度量弘广,知人善任使,信用儒术,用能以夏变夷,立经陈纪,所以为一代之制者,规模宏远矣。"忽必烈重用太子太保刘秉忠主持修筑元大都城。刘崇佛又精通道家学说,在大都城设计上采用传说中哪吒形象,开十一门。元末明初《农田余语》:"燕城系刘太保定制,凡十一门,作哪吒城三头六臂两足状。"后文人张昱也云:"大都周遭十一门,草苫土筑哪吒城。"

元大都城有十一门。《元史·地理志一》:"京城右拥太行,左挹沧海,枕居庸,奠朔方。城方六十里,十一门。曰丽正、顺承、文明、安贞、健德、崇仁、齐化、光熙、和义、肃清、平则。[6]904"而文明门位于大都城东南(今崇文门北),取《周易》"文明以健"之义名之。文明门在现在的东单路口位置。是元大都的南城垣三个城门最东的一个。其北城垣在明清城墙以北5里,即今元大都遗址公园内。东单、东长安街,东单北大街、建国门内大街、崇文门内大街等地片名,皆与文明门有渊源关系[1]10-46。

明朝立,改元曰洪武。朱元璋将第四子朱棣封为燕王驻北平,后夺取建文帝皇位后，改元曰永乐，将首都从今南京迁至今北京。在元大都城基础上，改扩建北京城。从永乐四年至永乐十八年（1406—1420），历 14 年而成。永乐十九年（1421），迁都北京。改建后的北京城，把元大都南城城址，向南移了 0.8 千米，始成如今规模。同时，将原北城拆掉，东西城也拆除一部分，另建北城，并将原土城改为砖城。同时把元大都的十一门改为九门，南城丽正、文明、顺承三门，规制依旧。明永乐十七年（1419），城门迁建，仍名"文明门"。明正统四年（1439）改文明门为崇文门，取《周易》"文明以健""其德刚健而文明"之义为名；亦云取《左传》"崇文德也"得名。

境内古迹众多，历史文化深厚，现择其要考释。

正阳门，原称丽正门。元世祖忽必烈统一中国，迁都燕京后，于至元四年（1267）二月，据《析津志》载："于燕京东北隅，辨方位，设邦建都，以为天下本。"历九年而成，全城共辟十一门。《辍耕录》载："城之正南曰丽正门。"

丽正，何以为名？丽，源于《战国策·齐策四》，含有华贵美丽之义。正，源出甲骨文及《孟子·公孙丑上》，后多引申为不偏斜、正直之义。丽正，取自《周易·离卦》中："离，丽也。日月丽乎天，百谷草木丽乎土，重明以丽乎正，乃化天下。"门，字出金文，与甲骨文有渊源关系。多指建筑物等的出入口。丽正门，即指建筑物华美正直之出入口。

丽正门，作为元大都的南城垣正门，构成了大都城市四至的坐标点。有关史载：它确定了"宅中定位""仰拱宸居""昭示万邦"的地位。史载：其城门坚固，冠于他门。初始无城、箭楼，仅有城楼一座。《元史·本纪·顺帝八》载：至正十九年（1359），陈友谅、朱元璋兵降北方，元政权为守住大都，当年十月元顺帝"诏京师十一门皆筑瓮城，造吊桥"[6]642。

明洪武至明永乐、宣德时期，仍沿袭丽正门之称。不过，据《寰宇通志》载："缩其城之北五里，废东西之北光熙、肃清二门，其九门俱仍旧。"《洪武北平图经志书》亦载其事，其中有"城为门九：南三门，正南曰丽正，左曰文明，右曰顺承"。

明成祖朱棣于永乐元年（1403）正月，诏改北平为北京，并着手改建都城。《明太宗实录·卷一○五》："永乐十七年十一月甲子，拓北京南城，计二千七百余丈。"这次北京都城移建增筑，于永乐十八年（1420）告成。原来大都城与北平府的丽正、顺承、文明三门，随之南移0.8千米，并沿袭旧称。京城周围40里，有九门：南曰丽正、文明、顺承，东曰齐化、东直，西曰平则、西直，北曰安定、德胜。

此后，未见北京都城大修大建之载。《明英宗实录》载：正统元年（1436）十月，继位不到一年的英宗朱祁镇，修建北京城垣，历三年于正统四年四月而成。完善了各门的"楼铺之制"，据明《工部志》载：且"更名丽正为正阳，文明为崇文，顺承为宣武，齐化为朝阳，平则为阜成，余四门仍旧"。诸门中，正阳门形制隆崇，设有箭楼门，瓮城左右皆设门，并左右门上加盖谯楼（闸楼），而其他诸门瓮城内，则仅设一门。

正阳，何以为名？正，不偏离；阳，向日为阳。正阳，取意于《礼记·明堂位》："天子负斧扆，南向而立。"又取《周易·说卦传》："圣人南面而听天下，向明而治。"至此，正阳门作为京都正门，可谓名副其实[7]。明嘉靖三十二年（1553），为抵御蒙古俺答汗部常掠京师，保护正阳、崇文、宣武三关之厢民，明世宗诏筑外城，仅半年时间，《明世宗实录·卷四○三》载："十月辛丑新筑京师外城成。上命正阳门外为永定，宣武门外名右安，大通桥门为广渠，彰义街门为广宁。"明代北京诸门经洪武、永乐、正统、嘉靖四代近200年的增建修筑，终于形成"里九外七皇城四"的基本形制。而正阳门以宅中定位优势，独秀于京师诸门。清代虽对北京城墙、城门多门改建、修缮，但基本上沿袭明嘉靖之后形制，正阳门位置、名称皆未变。

天坛。祭天的高台。天，多指天空。字出甲骨文，字形如人之头额。《诗经·小雅·大东》《论语·子张》中语句，皆释为此义。《说文·一部》："天，颠也，至高无上。"坛，土筑的高台。多指古代用以朝会、盟誓、祭祀、封拜的高台。《左传·襄公二十八年》《史记·陈涉世家》中语句，皆释为此义。《玉篇·土部》："坛，封土祭处。"

祭天，相传始于帝尧者。《史记·五帝本纪·第一》：帝尧"乃命羲、和，敬顺昊天"。[正义]云："元气昊然广大，故云昊天。"《礼记·曲礼下第二》："天子祭天地，祭四方，祭山川，祭五祀，岁遍。"[8]在其《祭法》中明载："燔柴于泰坛，祭天也。"《大戴礼记》有天子郊祀之载，并云祭祀"……所以别尊卑。尊者事尊，卑者事卑"。可见周初周人宗尧、舜、禹而祭天。西周之后历代王朝形成"礼莫大于敬天，仪莫大于郊祀"的祭祀仪规。周公制定"冬至日，祭天于地上之圜丘"，祭祀皇天上帝的制度，为中国历代王朝所奉承。西汉中期至唐宋诸朝，皆将祭天的祭坛称为圜丘。圜，古通御，圜丘即御丘，实为皇帝祭天之台。

明洪武十年（1377），始行天地合祀大典，相沿160余年，至明嘉靖间明世宗朱厚熜举行"大礼仪"，遂行明洪武元年（1368）天地分祀旧制。明永乐十八年（1420），在大祀殿南郊建圜丘，以冬至日行祭天大典。当年建成三层台圆形蓝色琉璃建筑，环以内外两墙，内墙圆形，外墙方形，象征天圆地方。置两重棂星门。圜丘北建泰神殿。嘉靖九年（1530）冬至日，明世宗于此举行隆重祭天典礼。嘉靖十三年十一月，明世宗谕礼部："南郊之东坛名天坛；北郊之坛名地坛；东郊之坛曰朝日坛，西郊之坛名曰夕月坛。"天坛，由此史载国史。

清王朝沿袭明制，仍以天坛为祭天之处。至乾隆朝（1736—1795），对天坛进行大规模修缮、改建、扩建。乾隆帝又新建了寝宫、圜丘钟楼、圜丘门、花甲门、古稀门，改大享殿为祈年殿；"回音壁"又独在其间；并广植松、柏、槐及花草。光绪年间（1875—1908）重修。有坛墙两重，形成内外坛；坛墙南方北圆，象征天圆地方。主要建筑有内坛，有圜丘和祈谷两坛，一南一北，有墙相隔；祈谷坛占地72.34公顷，主体建筑有祈年殿、皇乾殿、神厨、宰牡亭、长廊。后累遭劫难。现为中国最大的古代祭祀性建筑群，已辟为公园。为全国重点文物保护单位和世界文化遗产，列入《世界遗产名录》[9]。

区域内商业发达，有都一处、全聚德、月盛斋等老字号及天桥百货商场等。绢花、绒鸟、珐琅、玉器等特种工艺品，享誉国内外。交通便捷。有天坛、北京城东南角楼、正阳门箭楼、龙潭公园等名胜古迹，常逗游者叹观！

参考文献：

［1］北京市崇文区志［M］．北京出版社，2004．

［2］彭雪开，王殿彬．北京地名源流考［J］．湖南工业大学学报（社会科学版），2019，24（2）．

［3］汉语大字典（缩印本）［M］．武汉：湖北辞书出版社，1992．

［4］现代汉语规范词典［M］．北京：外语教学与研究出版社，2004：1363．

［5］中国古今地名大词典（下）［M］．上海：上海辞书出版社，2010：2687．

［6］宋濂．元史［M］．北京：中华书局，1999．

［7］卢迎红．从丽正门到正阳门［M］∥杨新华．但留形胜壮山河：城墙科学保护论坛论文集．南京：凤凰出版社，2008：61－641．

［8］陈戍国，点校．周礼·仪礼·礼记［M］．长沙：岳麓书社，1989：294．

［9］中国古今地名大词典（上）［M］．上海：上海辞书出版社，2010：354．

朝　阳

朝阳境域，考古发现早在八九千年前，北部立水桥即出现原始农业、畜牧业聚落[1]1。境内呼家楼街道办一带，从出土战国时期的燕国刀币看，其时已是商业繁华之地。因地理位置优越，交通便利，从此历为北燕及秦汉蓟城及广阳郡、蓟县治所驻地。

境域归属，历代各异。"夏，辖域地属冀州。商，地属幽州。周，地属幽州。"[1]33冀州称名，源于战国《尚书·禹贡》，载有：冀、兖、青、徐、扬、荆、豫、梁、雍九州。言今朝阳境域属冀州。这值得商榷。

朝阳境域夏代至商末，当属幽州。

其一，《尚书·尧典》记载："流共工于幽州，放驩兜于崇山，窜三苗于三危，殛鲧于羽山，四罪而天下咸服。"《孟子·万章上》则全文引用。《史记·五帝本纪》亦云："于是舜归而言于帝，请流共工于幽陵。"以上典籍皆列"幽州"之名，而幽州亦名幽陵[2]。

其二，《禹贡》中冀州，东汉郑玄曰"两河间曰冀州"。《孔疏》曰："东河之西，西河之东，南河之北是冀州之境也。"有学者考证后认为：古冀州大体包括今山西中部、南部，河南北部，河北中部、南部。

而其中心地区在山西南部[3]。由此得知，夏代冀州地域，主要在山西南部一带，涉及今河北也仅指河北的中部、南部。而朝阳地域，无论古今皆在河北北部，属《尚书·尧典》中"幽州"。

其三，文物考古亦证实，夏文化的中心地带在晋南地区。1974年山西省夏县东下冯村发现东下冯遗址，面积约25万平方米，是二里头文化的典型遗址，为公元前1900~前1500年。发现遗址西部有庙底沟二期文化和河南龙山文化遗存，东南部发现有二里冈期商代城墙和圆形建筑基址，北部有东周时期遗存。出土了房屋、水井、陶窑、壕沟，另有石、骨、铜、陶、大口尊等生产工具、生活用具及兵器、乐器等。其遗址出土二里头文化陶器，与豫西发现的基本一致。该遗址地望及年代，可以证实其文化与夏文化密不可分[4]。

其四，《禹贡》列"九州"，是指大致地域，并非行政区划。而且《禹贡》《周礼·职方氏》《吕氏春秋·有氏》所载"九州"，又各不相同。甚至战国楚简《容成氏》所载"九州"也不相同：夹州（相当于今河北境）、涂州（即古之徐州）、竟州（即淮河流域）、莒州（即沂水流域）、蓏（藕）州（即《职方氏》之并州）、荆州（江汉流域）、扬州（即长江下游）、叙州（即《禹贡》之豫州）、虘州（即《禹贡》之雍州，指泾、渭流域）。以上所载九州，更与《禹贡》大别。有研究者认为，《容成氏》所载"九州"，可能早于《禹贡》"九州"之载。

由上推断，今朝阳境域，当不属冀州，而属幽州。

西汉之后，境域归属频更，随朝代更替而分属国、郡、州各辖县。不过，明代境域北部属大兴县，东部属通州，其余均属城区；清代因袭之。民国二十九年（1930），境域北部仍属大兴县，东部属通县（通州改称），其余皆属北郊区、东郊区、南郊区。民国三十六年（1947），北部、东部归属不变，其余属郊七、郊八、郊一、郊二、郊三区。不久，郊一区、郊二区，分别更名第十三区、第十四区，前者区治西中街延寿寺，后者治日坛[1]34-35。

1949年2月，人民政府接管第十三区、第十四区，前者治东岳庙，后者治芳草地。1952年9月，原属第十四区调整为东郊区，区治原址。1958年5月3日，东郊区调整区划后，更名朝阳区，区治神路街[5]。1962年将通县（今通州区）西北境、昌平县（后为区）东南部划入后，又将天竺、后沙峪两公社划回顺义县（后为区），同时康村、羊坊村划属大兴县（后为区），始成现域。

1952年始置东郊区，行政区划时间短。然而，境内历史文化深厚。今特择东郊、朝阳区划地名及六里屯、安贞、将台历史地名，作初步考释。

东郊。东，太阳出来的方向为东。《尚书·禹贡》："南至于华阴，东至于底柱。"《诗经·召南·小星》:"嘒彼小星,三五在东。"皆指此义。郊,城邑周边地区。《尚书·费誓》云:"鲁人三郊三遂。"《孔颖达疏》:"王国百里为郊,乡在郊内,遂在郊外。"《周礼·地官·载师》:"以宅田、土田、贾田任近郊之地,以官田、牛田、赏田、牧田任远郊之地。"郑玄注引杜子春云:"五十里为近郊,百里为远郊。"[6] 实际上"近郊""远郊",皆为概述,各朝代皆依城邑大小,而分近郊、远郊,但都在城区周边及稍远是一致的。

东郊区之设,是历史遗赠,更是时代产物。

清顺治十六年(1659),废潞县,境域西半部、北部仍为城属,归步军统领衙门管理,余皆属直隶省顺天府之大兴县、通州。民国初,废顺天府而置京兆地方。境域分属京兆及京兆所属之大兴县、通县(废州称县)。民国十七年(1928),国都南迁,设北平特别市,境域内始有东郊、北郊、南郊三区之设,以上三区归属河北省大兴县、通县。民国十九年(1930),北平特别市降为北平市,境域归属因袭之。

1949 年 1 月,北平和平解放后,区划调整,东郊、南郊、北郊,划为 7 个近郊区。1950 年 8 月,7 个近郊区依顺序改为第十区至第十六区后,境域分属第十区、第十一区、第十四区和河北省顺义县、通县。1952 年 9 月,撤销北郊第十四区、第十区,更名为东郊区[1]35-36。其原因与局势密切相关。

一是北平市和平解放后,原行政、事业单位人员,大部分要重新录用;二是各级政权建立后,要录用干部及公教人员;三是设置东郊区后,一部分区域属城区,一部分属郊区。城属区土地为北京市的城市发展提供预留空间;郊区土地为北京市提供农副产品。这应是设置东郊区的主因。

1958 年 5 月 3 日,东郊区更名为朝阳区。

朝阳。朝,早晨,日出。《诗经·小雅·何草不黄》:"哀我征夫,朝夕不暇。"《诗经·卫风·氓》:"夙兴夜寐,靡有朝矣。"郑玄笺云:"无有朝者,常早起夜卧,非一朝然。记亦不解惰。"《说文·倝部》:"朝,旦也。"阳,向日为阳、明亮。《周礼·秋官·柞氏》:"夏日至,令刊阳木而火之。"贾公彦疏引《尔雅》:"山南曰阳。"《玉篇·阜部》:"阳,山南水北也。"《楚辞·九歌·大司命》:"一阴兮一阳,众莫知兮余所为。"王逸注:"阳,明也。"[7]

朝阳,源于朝阳门。其原名为"齐化门",取"齐家教化民众"之义。《元史·志第十·地理一》载:元至元四年(1267),忽必烈下令筑新城,"城方六十里,十一门……东之右曰齐化,东之左曰光熙……"[8]为土城且城楼简陋。《顺天府志》载:"至正十九年(1359)冬十月庚申朔,诏京师十一门皆筑瓮城,造吊桥。"明正统三年(1438),继几次修缮后最大一次修缮。工程结束后,改齐化门为朝阳门。因门朝东向,与面朝正西的阜成门遥遥相对,故名。抑或取《诗经·大雅·卷阿》"梧桐生矣,于彼朝阳"中"朝阳"二字为名。今多以前者为是。

朝阳门,为元代建城最古老的四座城门之一。因是漕粮出入之城门,故又称"粮门"。朝阳门城门洞顶上,刻着一谷穗,意为存放粮食所经之城门。漕粮运进城门内,存入九仓之中。现在朝阳门附近,仍遗存"禄米仓""海运仓""新太仓"等地名,皆为当年存放南粮的仓库。朝阳门外之土路,因是漕运抵达潞河之驿路,逐渐变成京城重要运粮通道。历为商业大街,繁华于今更甚。1954年,置朝外街道办事处,以朝阳门外(简称"朝外")得名。

六里屯,地处朝阳区西部。1987年置六里屯街道办事处,治甜水园北里17号。

清代吴长元在《宸垣识略》中记载:"谎粮台在朝阳关外六里。旧传太宗征高丽,屯兵虚设囷仓,以疑敌人,俗因呼其地曰谎粮台。"明万历二十一年(1593),官方录谎粮台为六里屯。因距朝阳门六里,聚落成村(屯),故名。《日下旧闻考》载:明"兵部主事金铉墓在东直门外六里屯"。清代墓尚存。

金铉(约1610—1644),江苏武进人,寄籍大兴(今东城、崇文二区),18岁中举,官至兵部主事,为明朝忠臣。崇祯十七年(1644),农民军攻入北京,崇祯帝自缢身亡,金铉闻信后,投金水河而死。其母投井而亡，妾亦自尽。

六里屯境内历史上为芦苇碱地，中西部穷苦人于此烧砖瓦盆，有"串窑"之称。明清代以产细砖著称。境内有元代东岳庙道人墓地。东部有始建于元代的药王庙，新中国成立后仅存一角楼，经改建修缮辟为八里庄幼儿园。有始建于明代的清真寺。1981 年后，境内陆续开发成绿化环境较优的居民区。中央有关部属及 30 个市机关单位驻境内[1]87。

安贞，亦名安贞门。1987 年 5 月，设安贞街道办事处，驻安华西里一区 12 楼，以安贞门为名。

《元史·志第十·地理一》载：元至元四年（1267），忽必烈下令筑新城，称为元大都（突厥语为"汗八里"，即"可汗之城"、帝都之意）。元大都北城垣东城门为安贞门。安贞门得名于《易经·讼卦》："乾上坎下，九四不克讼，复命谕，安贞吉。"

元朝灭亡后，朱元璋遣大将徐达、常遇春率军，于至正二十八年八月二日（1368 年 9 月 14 日），攻陷大都齐化门，由此入城。明洪武元年八月十四日（1368 年 9 月 26 日），大都改称北平。徐达奉令筑新城，遂将元大都北面的城墙向南推进五里重建，并在安贞门相对应的地方建一城门，以"天下安定"之意，命为"安定门"。之后，随着元大都北城墙的废弃，安贞门地名逐渐消失。至清末民初，安贞门老地名也在地图上消失。

清末民初，安定门一带为城市居民与农民杂居地，余皆为乡村。现经多年开发，先后建成安贞西里、安贞里、安华里、安华西里 4 个小区。历时 7 年（1987—1994），三环路建成通车。共建立交桥 44 座，跨河桥 9 座，过街天桥 62 座，人行通道 15 座，是北京市城区一条环城快速通道。并在安定门与安贞门旧址南北一线，与三环路交叉处，修建一座立交桥，因桥址在安贞门旧址南侧，故称"安贞桥"。2003 年修建地铁 10 号线后，又在安贞门旧址附近设站，初名"安定路站"，因车站正处安定路（安贞桥至安慧桥段）上，遂更名为"安贞门"站。从此"安贞"老地名得以遗存。

安贞街办事处境内，大路纵横，高楼林立，驻市属以上事业单位 101个，有中学 3 所，小学 5 所，托幼园所 6 所。生态优良，渐成宜居之城区[1]89。

将台。位于朝阳区中部偏北，设乡以老地名将台为名，乡治酒仙桥。

东晋十六国之前燕，开国皇帝景昭帝慕容俊（319—360），于此修建拜将台，招揽人才。后聚落名将台洼村。今拜将台遗址无存，仅遗留将台地名。1961 年始设将台公社；20 世纪 80 年代初，改公社为乡。

乡域内中部偏北，有驼房营码头，曾为辽金时坝河转运码头。《日下旧闻考》载："景泰三年（1452）二月造驼房三十间。"即指此地，后演称今名。另有萧君庙，位于朝阳区中部偏北。传说辽代萧太后在此修筑行宫，后世称萧君庙。村以庙而得名[9]。

将台乡域内，驻有中央、市属单位67 个，有中学 1 所、小学 4 所、幼儿园 5 所，敬老院 1 所。村有卫生室。坝河横穿乡内，铁路公路纵横，城区马路交错。乡村产粮、蔬、鱼。绿化面积较多，渐成宜居之地。

参考文献：

［1］北京市朝阳区志［M］. 北京：北京出版社，2006.

［2］彭雪开 . 海淀地名源流考［A］. http://www. whjluv. com/2020/06/23/70396. html.

［3］李民 .《禹贡》"冀州"与夏文化探索［J］. 社会科学战线，1983（3）.

［4］中国大百科全书·考古学［M］. 北京：中国大百科全书出版社，2004：99.

［5］中国古今地名大词典［M］. 上海：上海辞书出版社，2010：2829.

［6］汉语大字典［M］. 武汉：湖北辞书出版社，1997：1569.

［7］古汉语常用字典［M］. 北京：商务印书馆，2011：445.

［8］元史［M］. 北京：中华书局，1999：904.

［9］王彬，徐秀珊 . 北京地名典［M］. 北京：中国文联出版社，2008：467.

门头沟

门头沟境域，历史悠久。境内斋堂镇东胡林村，发现距今 1 万年左右的东胡林遗址。这表明在新石器时代初期，这儿就有人居住生活。他们有打制石器、细石器、磨制石器；有谷物加工工具、陶器等文化遗物；有火塘、墓葬等遗存。有用小螺壳制成的项链及用牛肋骨穿成的骨锡，反映了人类对美的追求和原始农、牧业的萌芽[1]2。

夏商周时，地域属幽州。春秋战国时，属燕国；战国末大部分地属燕国上谷郡，东南部分属渔阳郡。秦代大部分地域属上谷郡，东南部分属广阳郡蓟县。两汉时先属广阳国，后属广阳郡，辖县随政区而数更。北齐至唐建中二年（781）前，区划数调，归属几更。唐建中二年（781），析蓟城境域置幽都县，以古幽都为名。

境域上古属幽州。《尚书·尧典》有"幽州"（非政区）之称。幽州，名幽都、幽陵。夏代是否于此境内设置行政区划，无考。不过地下出土文物确证：其时华夏文化已深入今北京市所属县、区。有原始社会新石器时代仰韶文化遗址，以及其他新石器时代初期文化遗址[2]。

幽州称名，当是华夏文化的体现。

一是今河北省西部易水流域（拒马河中上游），为有易氏（有狄氏）部落族居之地。在《周易·大壮》《楚辞·天问》《离骚》，及《尚书·汤誓》《诗经·商颂·长发》《竹书纪年》中，皆有载。该部落曾兴盛于前20—前18 世纪。多活动于今河北东北、辽西与内蒙古三省区交界处，主族多沿易水流域居住。先商时期与商族部落为邻。在先商王亥时期（后期殷人在卜辞中追祭为高祖），有易氏强盛后，累袭商族。直至甲微当上商部落首领后，联合河伯氏共伐有易氏。《竹书纪年》："微假师于河伯以伐有易。"并杀死有易氏首领绵臣。《天问》载有："有狄不宁。"从此有易氏部落及其他部落，融合成中原夏后氏部落小方国，臣服于商[3]。

二是北京最早称为幽州，又称幽都、幽陵。《尚书·尧典》《孟子·万章上》《史记·五帝本纪》皆有载。而幽州最早称名源于《尚书·尧典》。其得名当在"流共工于幽州"之时。《史记·五帝本纪》载："于是舜归而言于帝，请流共工于幽陵。"[4]又云帝尧时"申命和叔，居北方，曰幽都"。《北京地名源流考》从6个方面作了详细考证[5]。总之，古文献尤其是先秦古文献及地下文物考古双重证实：帝尧"申命和叔，宅朔方，曰幽都""于是舜归而言于帝，请流共工于幽陵"，有充分依据，当为史实。

三是地方史料有详载。《门头沟区志·大事记》载："西周初年，区域分属蓟、燕二诸侯国。燕并蓟后，属燕。后区域归属他县。唐兴隋亡，建中二年（781），析蓟县西部与广平县东部置幽都县，区境东部属广平县，县治由原古城（石景山区）迁至现区境内辛秤村（今分东、西辛秤），此为境内设县之始。"[1]1-10

方志中所云"幽州""蓟县""幽都县"，皆在古幽州之域。而"幽都"之名，当属《尚书·尧典》中"幽都"。经当代学者考证，当指尧、舜时天文官和叔聚邑，及共工部落所筑共（龚）工城。《括地志》载："燕乐县（今密云区）。故龚城在檀州燕乐县界，故老传云舜流共工幽州居此城。"[6]

综上所述，门头沟区境域，古属幽州即明。

幽都，何以为名？幽，甲骨文中，训幽为黑，卜辞借为黝，其义为青黑。《荀子·正论》《礼记·儒行》《说文》中皆释为此义。都，先君宗庙的城邑。《左传·庄公二十八年》："凡邑有庙先君之主曰都，无曰邑。"《尚书·说命中》："明王奉若天道，建邦设都。"古代亦指行政区划单位。各朝代不一。宋、元、明、清县以下多设为都。《宋史·袁燮传》："合保为都，合都为乡，合乡为县。"清代乡为空置，县下以多以都称名。幽都，含有幽州都邑之义。

唐天宝元年（742），析蓟县置广宁、广平二县，门头沟境域大部分属广平县，小部分属怀戎县。唐建中二年（781）析蓟城置幽都县，其境域东部为幽都县。唐光启年间（885—888），置永兴、巩山县，撤幽都县，其境域属矾山县，县治今河北涿鹿县矾山镇。唐乾宁三年（896），幽州节度使刘仁恭据幽州（今北京），撤幽都县、矾山县，置玉河县。其境域多属玉河县。玉河县域除门头沟区境外，还包括房山区的大安山、良乡、房山、石窝一带地区和海淀区的北安河一带地区。赵其昌《京华集·辽代玉河县考》认为：北至妙峰山；东北至海淀区大觉寺、温泉一带；东至石景山区鲁谷附近；南至房山县城以南皆属玉河县。

玉河，何以得名？玉，美石。《诗经·召南·野有死麇》："白茅纯束，有女如玉。"《论衡·累害》："夫采玉者，破石拔玉；选土者，弃恶取善。"《说文·玉部》曰："玉石之美。"亦引申为洁白之义。

河，水流。亦专指黄河。《书·禹贡》载："又北播为九河，同为逆河，入于海。"《庄子·秋水》："秋水时至，百川灌河。"《说文·水部》："河水。"玉河，或曰河水晶莹洁白之状；或因玉河源自玉泉山，故名。《明一统志·卷一·顺天府》记载："玉河源自玉泉山，流经大内，出都城东南，注大通河。"今考当以后者为是。

玉河县设置，与卢龙节度使刘仁恭建宫观求仙术有关。《新唐书·列传第一百三十七·刘仁恭》："刘仁恭（？—914），深州（今河北深州市）人。父晟，客范阳，为李可举新兴镇将，故仁恭事军中。""为人豪纵，多智数，有大志……"曾为景城令。乾宁二年（895），刘仁恭因战功被晋王李克用表为检校司空、卢龙军节度使。随后与晋交恶，投靠汴州节度使朱温，加中书门下平章事[7]。乾宁三年（896），刘仁恭割据幽州，撤矾山、幽都二县，置玉河县，有近屏幽州都城之义。又据《辽史·地理志四》载：刘仁恭于大安山创宫观，"师炼丹羽化之术于方士王若纳，因割蓟县分置，以供给之"[8]。后者当为置县主因。

玉河县治何处？历有争议。今考元代僧福圭《国门近游录》，清乾隆《钦定日下旧闻考》《国门近闻录》《辽史·地理志四》《读史方舆纪要》及《中国历史地图册》皆载：玉河县治今门头沟区龙泉镇城子村[9]。

后晋天福三年（938），后晋高祖石敬瑭割燕、云等16州归契丹，玉河县属契丹。辽会同元年（938），升幽州为南京幽都府，复置幽都县，地域属之。辽开泰元年（1012），改幽都府为析津府，改幽都县为宛平县，地域属之。县"以宛然以平之义"得名。其辖境相当于今北京市西城、丰台、石景山、海淀、门头沟各区境域。与今门头沟区大异。

金天眷元年（1138），废玉河县，地域属宛平县，存242年。今门头沟区域绝大部分属玉河县（除西北部沿河城一带）。

元代因袭之。明洪武元年（1368），元大都改称北平府。明永乐元年（1403），北平府改为顺天府，宛平、大兴两县属之。明永乐十九年（1421），明迁都北京，宛平、大兴为附郭县。明嘉靖三十三年（1554），沿河城一带划属宛平县。

清代沿袭不变，两县仍属顺天府。明清时，北京城内有宛平、大兴两县，称为京县（附郭县）；以前门大街中轴线为界，东面为大兴县，相当于现在的东城区，县衙在交道口附近大兴胡同内；西面为宛平县，相当于现在的西城区，县衙在地安门西面东官房[10]1978。

民国十七年（1928），北京改为北平，原属各县并入河北省。城内大兴县治，迁入北京城南的黄村，从此大兴成为郊区县。宛平县治，迁入卢沟桥拱极城内（卢沟桥东侧宛平城内）。

民国二十六年（1937）7月7日，日军发动"七七事变"[11]，宛平县署大部分遭日军炸毁，只存正房3间。1986年于此建中国人民抗日战争纪念馆。

门头沟。1948年12月14日，门头沟境域解放，首置二十八区，次年又改为二十区。1950年改为十六区，均属北京市。十六区包括今龙泉、永定、潭柘寺3镇。设区以数序命名。

1952年9月，河北省宛平县、北京市第十六区，均并入京西矿区，为其辖境。1958年5月，京西矿区改称门头沟区[10]264；同年9月，境域内五里坨乡划属丰台区。区治新桥大街。自此始成现制，历属北京市。

门头沟，何以得名？门，建筑物如房屋、庭院的出入口。《管子·八观》："门户不闭。"《孟子·尽心上》："昏暮叩人之门户求水火，无弗与者。"后亦指门径、途径。《老子·一章》："玄之又玄，众妙之门。"《汉书·公孙弘传》："开广门路，宣招四方之士。"皆指此义。

头：人或动物最前的部分。《礼记·玉藻》："头容直。"《韩非子·内储说上》："人有自到死以其头献者。"颜师古注《急就篇·卷三》："头者，首之总名也。"皆指此义。

沟：田间、山间水道、沟渠。《周礼·考工记·匠人》："九夫为井，井间广四尺，深四尺，谓之沟。"《左传·僖公十九年》："乃沟公宫。"亦指壕沟、山沟、溪谷。《孟子·万章下》《淮南子·说山训》中含此义。门头沟，意为最先入山门口的沟壑。

门头沟得名，与当地地貌及物产密切相关。有关史料记：门头沟，古名门城泄水沟，为季节性河溪；源于九龙山与南大梁之间一条季节性河沟，长约 8.1 千米，下游均宽约 30 米，流域面积 21.95 平方千米。西经横岭，向东经天桥浮、圈门、东辛房，至城子下等村，汇入永定河。因门城泄水沟有圈门村，为谷地煤矿排水源头，故名门头沟。得名于何时，难以稽考。

不过，自辽代周边谷地多开设煤窑，产优质无烟煤，渐由聚落地名，成为著名的地域地名，故名"门头沟谷地"。有 1000 余年历史。历为我国重要无烟煤生产基地。清代京西门头沟煤炭，已成京城主要燃料。清乾隆二十七年（1762），嘉庆六年（1801），先后 3 次在沟两岸大规模修整煤窑堆积的废渣土，始成京西最大的一条泄水沟。自此，门头沟名扬京城。

境内地处西山山地，气候适宜，多农特产，尤以香白杏、京白梨著称于世。工业多煤炭、建材、铸造、化工等企业。交通方便。有东灵山、百花山、妙峰山、潭柘寺、戒台寺等名胜古迹，尤以"东胡林人"墓葬遗址闻名于国内外。

参考文献：

[1] 北京市门头沟区志 [M]．北京：北京出版社，2006．

[2] 谭其骧．中国历史地图集：原始社会·夏·商·西周·春秋·战国时期 [M]．

北京：中国地图出版社，1996：7－8.

[3] 代生. 有易氏历史再发现——《楚辞·天问》"汤谋易氏，何以厚之"句试解[J]. 文物春秋，2010（2）.

[4] 司马迁. 史记[M]. 北京：中华书局，1999：22.

[5] 彭雪开，王殿彬. 北京地名源流考[J]. 湖南工业大学学报（社会科学版），2019，24（2）.

[6] 贺次君. 括地志辑校[M]. 北京：中华书局，2010：109.

[7] 欧阳修，宋祁. 新唐书[M]. 北京：中华书局，1999：4561－4562.

[8] 脱脱. 辽史[M]. 北京：中华书局，1999：336.

[9] 蓝龙. 玉河县探究[N]. 京西时报，2014－09－15.

[10] 中国古今地名大词典[M]. 上海：上海辞书出版社，2010.

[11] 郑成和，李述笑. 史地知识辞典[M]. 延吉：延边人民出版社，1989：7.